SOUS PRESSE — L'Héritage du mal, drame en quatre actes.

LA FRANCE

DRAMATIQUE
AU DIX-NEUVIÈME SIÈCLE,

Choix de Pièces Modernes.

BRIGITTE,
DRAME EN TROIS ACTES.

772—773.

PARIS.
C. TRESSE, ÉDITEUR,
ACQUÉREUR DES FONDS DE J.-N. BARBA ET V. BEZOU,
SEUL PROPRIÉTAIRE DE LA FRANCE DRAMATIQUE,
PALAIS-ROYAL, GALERIE DE CHARTRES, Nos 2 ET 3,
Derrière le Théâtre-Français.

1842.

BRIGITTE,

DRAME EN TROIS ACTES,

PAR MM. ELZÉAR BLAZE ET ***,

AUTEURS DU CHASSEUR AU CHIEN D'ARRÊT, ect., etc.

Représenté pour la première fois, à Paris, sur le théâtre Beaumarchais, le 8 octobre 1842.

DISTRIBUTION DE LA PIÈCE.

M. DE SAINT-FIRMIN, conseiller au parlement de Toulouse...... MM.	CODÉRAT.
GEORGES, son fils..	RÉAL.
WILFRID...	LÉON LEMAIRE.
DELAUNAY, procureur-général.................................	MASCRET.
JACQUES, postillon...	PELVILAIN.
PIERRE...	LEPROVOST.
UN GREFFIER..	FERNAND.
UN HUISSIER..	GUSTAVE.
BRIGITTE... Mmes	CHAPUIS.
BÉATRIX..	FRÉDY.
ROSE...	BLONVAL.

ACTE PREMIER.

Le théâtre représente un jardin; une maison est à droite de l'acteur; grille au fond.

SCÈNE I.

ROSE, BÉATRIX.

BÉATRIX.

Mais viens donc, ma bonne Rose, viens... Tu ne sais pas?... Non, non, je ne veux pas te le dire encore. Quel bonheur ! C'est aujourd'hui... aujourd'hui même.

ROSE.

Oui, c'est aujourd'hui que vous vous mariez, je le sais, et je sais aussi que je n'ai jamais vu une mariée aussi joyeuse.

BÉATRIX.

J'avoue que je suis la plus heureuse personne du monde, et je ne crains pas d'avouer en même temps que j'aime mon futur à la folie. Il y a des jeunes filles qui pleurent le jour de leur mariage... moi, je n'ai que la joie dans le cœur. Je me surprends à m'écrier, toute seule: « Mon Dieu! que je suis heureuse! » J'aime tout le monde ; je veux du bien à tout le monde; je souhaiterais que personne n'eût de chagrin; je cherche ce qui peut faire le bonheur de tous mes amis, de toi, surtout, ma chère Rose, qui depuis trois ans me prodigues, ainsi qu'à ma bonne mère, les soins les plus affectueux, et qui m'écoutais avec tant de patience et de bonté quand je te parlais de Georges, de mon amour pour lui! Aussi, je veux t'en récompenser, et j'ai trouvé le temps de songer à toi !

ROSE, tristement.

Mademoiselle est bien bonne... mais en vérité...

BÉATRIX.

Ah! voici la curiosité qui te prend?... Eh bien! tout à l'heure, tu sauras tout. Pour célébrer la fête de mon mariage, nous jouons ici, ce soir, la tragédie d'*Esther*, comme dans la maison royale de Saint-Cyr... ce sera superbe! Mais je t'en prie, Rose, va dans ma chambre. Sur ma table, tu trouveras une petite boîte; tu me l'apporteras... Va vite.

ROSE.

Tout de suite, mademoiselle.

(Elle sort.)

SCÈNE II.

BÉATRIX, JACQUES.

BÉATRIX.

Elle ne se doute guère de ce qu'elle va voir. (Appelant dans la coulisse.) Jacques! Jacques!

JACQUES, accourant.

Me voici, mademoiselle.

BÉATRIX.

Tout est-il prêt?

JACQUES.

Certes, je n'avais garde d'y manquer. Le prêtre est prévenu, le contrat est dressé; j'assure à Mlle Rose le peu que j'ai, un champ et une petite maison dont je viens d'hériter de mon oncle.

BÉATRIX.

Vous êtes un bon parti, Jacques.

JACQUES.

Oh! c'est selon; car j'ai bien peur quelquefois que nous n'ayons eu tort de tant avancer les choses sans prévenir Mlle Rose. Moi, j'ai fait tout ce que vous avez voulu; mais enfin nous n'avons pas son consentement, et si je ne lui plaisais pas?

BÉATRIX.

Elle me disait encore ce matin, que vous étiez un bien honnête homme, ayant un bon cœur et des manières bien douces pour un postillon.

JACQUES.

Il est vrai qu'il y en a qui, sauf votre respect, parlent à leurs femmes, ni plus ni moins que s'ils parlaient à leurs chevaux; moi, dans ma jeunesse, j'ai reçu des leçons du curé de mon village; j'ai tâché d'en profiter, et si ce que j'ai appris peut me servir à me faire épouser une fille que j'aime, ce ne sera pas du temps perdu.

BÉATRIX.

Vous avez, plus d'une fois, parlé de votre amour à Rose?

JACQUES.

C'est-à-dire qu'elle a bien dû le deviner, parce que ces choses-là se voient tout de suite. Mais me déclarer, là, franchement, voilà ce que je n'ai pas osé faire; car Mlle Rose n'est pas une femme de chambre comme une autre: elle a des manières, un ton, un langage qui m'empêchent de parler; et, pardonnez-moi la comparaison, je ressemble à un cheval ombrageux; je recule au lieu d'avancer.

BÉATRIX.

Vous voyez donc que j'ai eu raison de trancher la difficulté. Tout est prêt; je lui ai fait faire une robe de noces; j'ai réuni tous les objets de toilette qui peuvent lui convenir; vos cadeaux sont là aussi dans ma chambre, avec un papier sur lequel j'ai écrit : « Présens de Jacques à Mlle Rose, sa future. » J'ai mis sur les miens : « Cadeaux de » Béatrix pour parer Rose le jour de son mariage » qui se fera aujourd'hui à la même heure que le » mien, afin qu'au lieu de deux heureux, il y en » ait quatre. »

JACQUES.

Que vous êtes bonne, mademoiselle!

BÉATRIX.

Et je viens, sous un prétexte, d'envoyer Rose dans ma chambre; elle va voir tout cela... Jugez de sa surprise!

JACQUES.

Mon Dieu! pourvu qu'elle soit contente!... J'en suis tout tremblant!

BÉATRIX.

Qu'il me tarde de la voir revenir!

JACQUES.

Et à moi donc!... Mais il ne faut peut-être pas que je reste?

BÉATRIX.

Si fait, au contraire!... Ah! tenez, la voici.

SCÈNE III.

ROSE, BÉATRIX, JACQUES.

JACQUES.

Comme elle est troublée! Ah! il n'y a rien de bon.

ROSE.

Mademoiselle... Jacques... mon Dieu! comment remercier?...

BÉATRIX.

Point de remerciemens, et remets-toi, ma chère Rose, remets-toi donc!

ROSE.

Eh quoi! l'on m'aime! on me témoigne un intérêt, une amitié que je ne mérite pas... que je ne peux accepter!... Ah! je suis bien malheureuse!

BÉATRIX.

Malheureuse! toi?

JACQUES.

Est-ce que vous refuseriez?

ROSE.

Il m'est impossible d'accepter vos bienfaits, mademoiselle, ni vos offres, monsieur Jacques.

JACQUES.
Là!... qu'est-ce que je disais?
BÉATRIX.
Impossible!... Et par quels motifs?
ROSE.
Pardonnez-moi... ne m'en veuillez pas!... mais je ne puis vous les faire connaître.
JACQUES.
Vous ne m'aimez pas!... Ah! je m'en doutais.
BÉATRIX.
Ah! Rose, je ne m'attendais pas à cela. Vous voulez donc attrister le plus beau jour de ma vie? Vous repoussez les soins que je prenais de votre bonheur; vous les dédaignez, peut-être?... C'est bien mal.
ROSE.
Perdre votre amitié!... ce serait pour moi, le dernier malheur.
BÉATRIX.
Expliquez-moi donc pourquoi vous refusez?
JACQUES.
Si je vous déplais, mademoiselle Rose, dites-le franchement.
ROSE.
Non, monsieur Jacques, ce n'est pas cela.
BÉATRIX.
Alors, qu'est-ce donc?
ROSE.
Vous le voulez? Eh bien! j'aime mieux tout vous avouer que d'être soupçonnée d'ingratitude. Vous saurez tout, mademoiselle.
JACQUES.
Je vois bien que je n'ai plus qu'à me retirer.
BÉATRIX.
Ecoutez, mon ami, puisque Rose veut bien m'accorder sa confiance, rien n'est encore désespéré. Je vais parler pour vous, et en attendant, vous viendrez toujours ici, comme à l'ordinaire. Allez, je vais tâcher que mes soins ne soient pas perdus.
JACQUES.
Mademoiselle, tout mon avenir dépend de vous.
(Il sort.)

ooooooooooooooooooooooooooooooooooooooooooooo

SCÈNE IV.

ROSE, BEATRIX.

BÉATRIX.
Voyons, Rose, explique-toi; j'avais cru tout arranger pour ton bonheur. Oh! je t'en prie, ne fais pas manquer mes projets. Y a-t-il quelque chose à dire contre Jacques? je ne le crois pas. En acceptant sa main, tu resteras près de moi; mon mariage avec le fils d'un conseiller au parlement de Toulouse me fixe à jamais dans cette ville; tu seras bien ici... Cousens, ma bonne Rose.
ROSE.
Hélas! mademoiselle, quand je le voudrais, cela est impossible.
BÉATRIX.
Comment?
ROSE.
Je suis mariée.
BÉATRIX.
Mariée! pourquoi nous l'avoir caché si long-temps?
ROSE.
Pourquoi vous l'aurais-je dit?... Je suis la plus malheureuse des femmes.
BÉATRIX.
Et ton mari, qu'est-il devenu?
ROSE.
Je l'ignore... Pardon, mademoiselle, si le retour vers un passé déjà bien loin de moi m'arrache encore des larmes... J'en croyais la source tarie... j'ai tant pleuré!
BÉATRIX.
Tu sais, Rose, combien je m'intéresse à toi.
ROSE.
Que vous êtes heureuse, mademoiselle!... Vos sentimens pour M. Georges de Saint-Firmin, sont d'accord avec la raison... tandis que moi...
BÉATRIX.
Eh bien?
ROSE.
Moi, mademoiselle!... j'ai aimé le plus criminel des hommes. Pour lui, j'ai quitté la maison paternelle, et jamais on n'a su ce que j'étais devenue.
BÉATRIX.
Rose, est-il possible?
ROSE.
Il me conduisit en Allemagne, où il m'épousa. Les dehors les plus séduisans lui servaient à cacher ses vices. Quand il forma le projet de m'entraîner loin de ma famille, l'amour ne fut pour lui qu'un prétexte; ce n'était pas moi qu'il désirait, c'était de l'or!... Le croiriez-vous, mademoiselle? la nuit de ce fatal départ, il déroba chez mon père une somme considérable. Ce malheureux vieillard se vit forcé de manquer à ses engagemens, et la crainte du déshonneur le conduisit au tombeau.
BÉATRIX.
Quelle horreur!
ROSE.
Mon séducteur eut bientôt dissipé cette dot infâme; enfin, un jour, entraîné par une femme, une Française... belle, dit-on, mais qui menait la vie la plus honteuse... il disparut, me laissa seule sans ressources, sans autre espoir que la mort! Je restai long-temps à Berlin auprès d'une dame qui prit pitié de mon affreuse position mais ma

bienfaitrice mourut!... Je revins en France ; j'entrai au service de la baronne de Feldberg, votre excellente mère, et je pourrais encore être heureuse, si le bonheur se trouvait à côté du remords.

BÉATRIX.

Pauvre Rose!

ROSE.

Je ne me plains pas ; j'ai mérité mon sort. Votre bonté pour moi, mademoiselle, m'a contrainte à rompre le silence; mais, je vous en conjure, gardez mon funeste secret... ne me condamnez pas à rougir.

BÉATRIX.

Non, Rose, je te le promets; je ne me souviendrai de tes malheurs que pour les adoucir.

ROSE.

Voici Mme la baronne ; MM. de Saint-Firmin l'accompagnent. Je vous laisse.

BÉATRIX.

Va, Rose, et compte sur ma discrétion comme sur mon amitié.   (Rose sort.)

SCÈNE V.

GEORGES, BÉATRIX, LA BARONNE DE FELDBERG, SAINT-FIRMIN, PIERRE.

LA BARONNE.

Messieurs, cette nouvelle me cause une surprise bien agréable. (A Béatrix). Ma fille, monseigneur l'archevêque m'annonce qu'il veut bénir lui-même votre mariage; je suis fière d'un tel honneur, et je veux aller sur-le-champ lui en témoigner ma reconnaissance.

SAINT-FIRMIN.

Cette marque de distinction vous était due, madame ; vous avez si bien secondé Monseigneur en venant au secours des pauvres pendant la saison rigoureuse.

LA BARONNE.

Eh! monsieur, j'ai agi comme tout le monde.

SAINT-FIRMIN.

Dites qu'il serait à désirer que tout le monde eût agi comme vous.

LA BARONNE.

Je crois qu'aujourd'hui la ville entière s'est donné rendez-vous dans ma maison. Je ne sais pas où nous pourrons placer les parens, les amis et surtout les curieux.

GEORGES.

Vous le savez, madame, pour s'amuser aujourd'hui dans une fête, il faut qu'on étouffe.

LA BARONNE.

Ce plaisir-là ne leur manquera pas. Voici l'emploi de notre journée. Ecoutez bien ! nous dînerons à midi précis, tout-à-fait en famille ; à deux heures, la distribution des prix. Comme c'est la première depuis que j'ai créé cette maison d'éducation, je prétends l'entourer de toute la pompe dont elle est susceptible. Monseigneur l'archevêque présidera cette solennité. Cet éclat excite l'émulation des jeunes personnes, et vous verrez que l'année prochaine, les études y gagneront.

SAINT-FIRMIN.

Plus d'une fois je me suis étonné, madame, qu'avec votre rang et votre fortune, vous vous soyez condamnée à cette vie paisible. La baronne de Feldberg, faite pour briller dans le monde, fonder et diriger une maison d'éducation !

LA BARONNE.

Et comptez-vous pour rien le bonheur d'être utile? Toutes ces jeunes filles confiées à mes soins, elles seront un jour, par leurs talens et leurs vertus, l'ornement de ce monde où leur naissance a marqué leur place. Pendant les jours qui me restent à passer sur la terre, j'aurai offert un but honorable à l'activité de mon esprit, et après moi, peut-être, on bénira mon nom. Cet exemple que Mme de Maintenon vient de donner, plût à Dieu que d'autres que moi le suivissent, monsieur de Saint-Firmin!... Mais revenons à nos projets pour cette journée. Le mariage se fera à quatre heures; puis, à dix heures, le spectacle, la représentation d'*Esther*.

GEORGES à Béatrix.

Savez-vous bien votre rôle, mademoiselle Béatrix?

BÉATRIX.

Mais oui.

SAINT-FIRMIN.

Entrerons-nous en scène sans hésiter, sans trembler?

BÉATRIX.

Je l'espère!... et je vous avertis pourtant que nous comptons beaucoup sur l'indulgence des spectateurs.

LA BARONNE.

Les costumes sont magnifiques, et je suis sûre qu'à Saint-Cyr ils n'étaient pas plus beaux. Ces demoiselles seront couvertes de diamans. Pour orner le turban d'Assuérus, j'avais prié quelques dames de me prêter leurs bijoux ; on a su cela dans la ville, dans les environs, et chaque femme s'est empressée de m'envoyer son écrin ; j'ai chez moi toutes les perles, toutes les pierreries de la province ; je peux en couvrir les robes d'Assuérus, d'Esther, d'Aman, et même au besoin celle de Mardochée.

GEORGES.

Mlle Béatrix n'en sera pas plus jolie. Cette parure simple et modeste lui sied à merveille, et tous les diamans du monde ne la rendront pas plus belle à mes yeux.

LA BARONNE.
Après le spectacle, grand souper.
BÉATRIX.
Et... bal ?
LA BARONNE.
Bal !... Non, ma fille ; on ne dansera pas.
GEORGES.
Oh ! madame, un jour de noces.
LA BARONNE.
Cela ne se peut, Georges. Cette maison ne peut pas perdre en un jour la réputation dont elle jouit à tant de titres ; on ne dansera pas. Adieu, messieurs ; je vais remercier monseigneur l'archevêque. Georges, je vous permets de rester auprès de Béatrix ; au moment de s'unir à jamais, on a bien des choses à se dire. Si ce n'était pas abuser de votre complaisance, monsieur de Saint-Firmin, je vous prierais de voir si tout est bien dans la salle de spectacle que nous avons improvisée ; je connais votre bon goût, et je serais bien aise de recevoir vos avis.

SAINT-FIRMIN
J'ai une lettre à écrire, mais je reviens dans un instant.

LA BARONNE.
Pourquoi ne l'écririez-vous pas ici ? Passez dans mon cabinet.

SAINT-FIRMIN.
Si vous le permettez...

LA BARONNE.
Ne devons-nous pas agir sans façons.

SAINT-FIRMIN.
Je vous remercie.

(Saint-Firmin rentre dans la maison, Georges et Béatrix sortent par le fond.)

SCÈNE VI.

LA BARONNE, PIERRE.

LA BARONNE.
Pierre, songez à mes pauvres ; je vous les recommande. Nos fêtes, nos plaisirs ne doivent jamais nous faire oublier ceux qui souffrent.

PIERRE.
Madame peut compter sur moi.

LA BARONNE.
Aujourd'hui, vous donnerez le double de ce que vous donnez tous les jours.

PIERRE.
Si nous avions à Toulouse une centaine de personnes comme madame la baronne, les pauvres seraient bientôt les gens les plus riches de la ville.

(La baronne sort.)

SCÈNE VII.

PIERRE, WILFRID.

PIERRE.
Quelle femme !... quel cœur de reine ! Il faudrait aller loin pour trouver sa pareille.

WILFRID, en dehors de la grille.
Ce doit être ici.

PIERRE.
Quel est cet homme ?

WILFRID, entrant.
Mon ami, suis-je chez la baronne de Feldberg ?

PIERRE.
Oui, monsieur.

WILFRID.
Merci.

PIERRE.
Monsieur, voudrait-il parler à Mme la baronne ?

WILFRID.
Oui.

PIERRE.
Monsieur vient peut-être pour la noce ?

WILFRID.
Non.

PIERRE, à part.
Je le crois sans peine... Merci ! oui, non ; il n'est pas causeur. (A Wilfrid.) Madame va bientôt revenir ; si monsieur veut l'attendre.

WILFRID.
J'attendrai. (A part.) Il paraît bavard ; faisons-le parler, je saurai peut-être... (A Pierre.) Vous partez ? vous êtes bien pressé, mon ami...

PIERRE.
Que désirez-vous ?

WILFRID.
Avoir quelques renseignemens.

PIERRE.
Sur qui ?

WILFRID.
Sur votre maîtresse.

PIERRE.
Vous êtes bien curieux.

WILFRID.
Quand cela serait ?

PIERRE.
Mais je ne vous connais pas.

WILFRID.
Nous ferons connaissance.

PIERRE, à part.
Je ne m'en soucie guère.

WILFRID.
Mme la baronne de Feldberg est donc ?...

PIERRE.
La meilleure des femmes.

WILFRID.
C'est beaucoup dire !

PIERRE.

Ce n'est pas trop.

WILFRID.

Elle est à la tête d'une maison d'éducation ?

PIERRE.

Oui, monsieur ; il n'y a pas un couvent où les demoiselles soient si bien élevées.

WILFRID.

Une baronne !

PIERRE.

Elle n'est point fière de son titre.

WILFRID.

C'est une femme rare.

PIERRE.

Sa manie est de faire du bien.

WILFRID.

Il n'y a jamais trop de ces maniaques-là.

PIERRE.

Tout le monde vous en parlera comme moi.

WILFRID.

Mais comment une femme que l'on dit aussi riche, a-t-elle pu se décider à gouverner un pensionnat ?

PIERRE.

Tous les bénéfices de sa maison appartiennent aux pauvres. C'est pour eux qu'elle prend tant de soins.

WILFRID.

C'est admirable.

PIERRE.

Oui, monsieur, mais je vous quitte, car nous avons beaucoup de monde aujourd'hui... Je n'ai pas un moment à perdre ; soyez tranquille, madame la baronne va venir.

SCÈNE VIII.

WILFRILD, seul.

Mme la baronne possède bien des vertus. Cette femme-là ne peut pas être de ma connaissance ; mais il y en a d'autres ici... et dans le nombre... Si j'avais fait un voyage inutile... si Miller m'avait trompé... Pourquoi ? dans quelle intention ?.. Ce pauvre Miller ! il n'a pas été aussi heureux que moi, lui ; il n'a pu s'échapper des prisons de Munich... Voilà bien le billet qu'il m'a jeté par la fenêtre au moment où je me sauvais. « Tu » pars, je t'en félicite ; tu dois être sans argent, et » je te plains. Va chez la baronne de Feldberg, à » Toulouse ; tu trouveras une femme qui te fut » bien chère... autrefois. Si tu peux arriver jusque-» là, tu seras heureux.... » Qui diable vais-je trouver ici ?.. Quelle est cette princesse qui me fut si chère ?.. Allons, nous aurons une scène de reconnaissance, pathétique, sentimentale, terrible peut-être ! Cela m'amuse d'y penser. Si c'était la tendre et langoureuse Marguerite ?.. Oh ! celle-là m'arracherait les yeux, et je ne pourrais me plaindre, car je ne me suis pas conduit envers elle avec la délicatesse qui me caractérise... Si c'était Brigitte ?.. Oh ! je le voudrais... Nous avons un petit compte à régler ensemble... et je ne serais pas fâché d'en finir avec elle... Si c'était... ,

SCÈNE IX.

ROSE, WILFRID.

WILFRID.

Ah ! mon Dieu ! qu'est-ce que j'aperçois là ? Serait-ce possible ?... Mais oui... cette tournure, ces traits...

ROSE.

Un étranger ! Comme il me regarde !

WILFRID.

Plus j'examine... non... je ne me trompe pas... c'est-elle... c'est ma femme.

ROSE, s'approchant.

Monsieur...

WILFRID.

Eugénie !

ROSE.

Grand Dieu ! quel nom prononcez-vous ?

WILFRID.

Allons, mon cœur a plus de mémoire que le vôtre. Vous ne me reconnaissez pas ?

ROSE.

Juste ciel ! se pourrait-il ?

WILFRID.

Je suis Wilfrid, votre légitime époux.

ROSE.

Malheureuse !

WILFRID.

Voilà une exclamation cruellement conjugale ! Je pourrais me fâcher, mais je vous excuse, Eugénie ; car je conviens que j'ai des torts.

ROSE.

Vous ici, Wilfrid ! vous !

WILFRID.

Et vraiment oui, moi-même.

ROSE.

Et qu'y venez-vous chercher ?

WILFRID.

Je devais trouver ici, m'avait-on dit, une femme qui me fut bien chère, et l'on ne s'est pas trompé, puisque je vous rencontre.

ROSE.

Votre amour, Wilfrid !.. comment me l'avez-vous prouvé ?

WILFRID.

Je fus coupable, bien coupable, et mes torts envers vous sont les seuls qui m'aient parfois fait connaître le remords; car je vous aimais. Accablez-moi de reproches, haïssez-moi; je ne me plaindrai pas ; je suis indigne de votre pardon.

ROSE.

Je vous ai pardonné, Wilfrid; mon cœur ne connaît point la haine, et si vous vouliez revenir à la vertu...

WILFRID, souriant.

La vertu !.. Vous me croirez si vous voulez, mais en vérité l'idée m'a pris d'en essayer.

ROSE.

Dites-vous vrai ?

WILFRID.

Pourquoi pas ?.. La vertu est la seule chose dont je ne me sois pas avisé depuis que je suis au monde.

ROSE.

Et c'est la seule qui donne un bonheur réel.

WILFRID.

C'est ce que j'avais envie de savoir.

ROSE.

Vous, Wilfrid ?

WILFRID.

Il faut connaître un peu de tout. Écoutez-moi Eugénie! Jeté sur la terre avec de l'audace, quelque esprit et quelques talens pour tout patrimoine, j'ai regardé autour de moi, et j'ai vu le monde partagé en deux grandes catégories: les dupes et les fripons; il fallait faire un choix; vous savez dans quelle classe je me suis rangé... Ma vie a été une lutte perpétuelle; enfin, la fatigue est arrivée, et je me trouvais disposé à tenter d'une existence plus paisible quand vous vous êtes présentée à moi. Que vous dirai-je? En vous revoyant généreuse, indulgente et bonne, prête à m'accorder un pardon que je mérite si peu, j'ai senti se fortifier dans mon cœur les pensées nouvelles qui venaient d'y naître. Un mot de vous, Eugénie, et je consacre ma vie à réparer mes torts.

ROSE.

Ah! s'il en est ainsi, je peux encore avoir quelques momens heureux. Wilfrid, depuis trois ans que je suis au service de la baronne de Feldberg...

WILFRID.

Au service!.. vous!.. et c'est moi qui suis cause...

ROSE.

J'ai pu faire quelques économies; je vais vous donner tout ce que je possède; vous partirez.

WILFRID.

Non, Eugénie, je n'accepterai point. Si je veux devenir honnête homme, il ne faut pas que je vous quitte. J'ai un apprentissage à faire.

ROSE.

Et comment resteriez-vous ici?

WILFRID.

Je n'en sais rien; mais si je ne vous vois pas, je ne réponds plus de moi. Songez au pouvoir de l'habitude.

ROSE.

Quel moyen emploierai-je, Wilfrid?

WILFRID.

Eh! pardieu, un moyen tout simple... Mme de Feldberg, dit-on, est riche, bienfaisante. Elle vous aime, sans doute ; et qui ne vous aimerait pas? Priez-la de me donner un emploi chez elle, quel qu'il soit, peu m'importe! Je serai avec vous, je recevrai vos conseils, et l'aspect de vos vertus m'apprendra sans doute à rougir de mes vices.

ROSE.

Peut-être sera-t-il difficile d'obtenir ce que vous demandez ; je vous promets pourtant d'essayer! Mais si j'avais assez de crédit... si je réussissais... pourrais-je espérer qu'à l'avenir...

WILFRID.

Je ne vous ferai point de sermens ; je vous ai donné le droit de n'y pas croire. Mais tenez, je suis franc... Six années passées dans un cachot font terriblement réfléchir ; cela brise l'âme la mieux trempée, et j'en suis là.

ROSE.

Six années dans un cachot!

WILFRID.

Eh! mon Dieu, oui, tout autant! Grâce à cette exécrable Brigitte pour qui je vous abandonnai.

ROSE.

Comment se fait-il?

WILFRID.

Ah! dame... Pendant quelque temps, nous menâmes joyeuse vie. Brigitte, vous l'avez su, sans doute, courait le monde avec des vagabonds connus sous le nom de Bohémiens, ne vivant que de vols; ils avaient besoin, pour les seconder dans leurs entreprises, d'un homme à qui les usages de la bonne compagnie ne fussent pas étrangers. Brigitte m'avait accepté pour amant... Pardon, Eugénie!... moi, je croyais l'aimer... Mon dénuement, ma vie passée, tout me livrait à elle... Nous parcourûmes l'Allemagne ; dans toutes les villes où nous séjournions, je parvenais aisément à m'introduire dans les maisons les plus brillantes, je cherchais à en connaître les habitudes, et à l'aide des clefs que je dérobais, j'en facilitais l'entrée à mes complices.

ROSE.

Malheureux !

WILFRID.

Vous le voyez, je ne me farde pas.

ROSE.

Poursuivez.

WILFRID.

Tout cela devait finir par un coup de tonnerre. A Munich, nos gens furent surpris en flagrant délit ; un d'eux était amoureux de Brigitte ; dédaigné par elle, il nous dénonça ; jetés dans les prisons, nous fûmes jugés, condamnés. Mais Brigitte était la plus jolie femme de l'Allemagne, elle eut sa grâce. Elle devint la maîtresse d'un homme puissant, et moi je dus passer le reste de ma vie dans un cachot. Brigitte ne me donna aucune marque d'intérêt, de souvenir ; tout entière à ses nouvelles amours, elle quitta Munich, et je n'ai plus entendu parler d'elle. Si dans la prospérité je m'étais plus d'une fois repenti de ma conduite envers vous, jugez de ce que je pensai quand je me vis seul dans un cachot infect où les jours n'étaient pour moi que de longues nuits... Ah ! je vous jure, Eugénie, que vous fûtes vengée.

ROSE.

Trop vengée, Wilfrid.

WILFRID.

J'ai langui six ans dans cette situation ; enfin un heureux hasard m'a fait briser mes fers... Je me suis échappé. Las de cette vie aventureuse et coupable, je rêvais un avenir plus calme. Je vous retrouve ; votre indulgence accueille l'expression de mon repentir, et, ma foi, je romps tous les liens qui m'attachaient à l'infamie. Trouvez-moi un emploi ; que je travaille pour vous, près de vous ; et je devrai peut-être à la vertu des plaisirs que le vice ne m'a pas donnés.

ROSE.

Depuis trois ans que madame de Feldberg habite cette ville, il n'y a pas de malheureux que son ingénieuse bienfaisance n'ait secourus ; pas d'infortune qu'elle n'ait soulagée ; je parlerai pour vous, et j'espère que ce ne sera pas en vain. Il est inutile de la mettre dans notre confidence... quant à présent.

WILFRID.

Sans doute, le passé serait une triste recommandation.

ROSE.

Du courage, Wilfrid, du courage !

WILFRID.

Eugénie, vous êtes un ange.

ROSE.

On vient ; laissez-moi ; nous nous reverrons.

WILFRID.

A bientôt, Eugénie... (A part). Ma foi, la vertu est peut-être une bonne chose... Essayons ; ce sera du moins du nouveau.

(Il sort.)

SCÈNE X.

SAINT-FIRMIN, ROSE.

SAINT-FIRMIN.

Rose, où est mon fils, où est Béatrix ?

ROSE.

Je l'ignore ; peut être dans le jardin.

SAINT-FIRMIN.

Courez ; il faut que je leur parle, que je leur parle à l'instant.

ROSE.

Je les vois ; ils viennent de ce côté ; les voilà.

(Elle rentre dans la maison.)

SCÈNE IX.

BÉATRIX, SAINT-FIRMIN, GEORGES.

SAINT-FIRMIN.

Vous allez apprendre une nouvelle qui va vous mettre au désespoir ; Béatrix, vous partagerez notre douleur... Mes enfans... je frémis de vous le dire... je sens tout le mal que je vais vous faire, j'en ai le cœur navré, déchiré... votre mariage...

GEORGES et BÉATRIX.

Eh bien ?

SAINT-FIRMIN.

Est désormais impossible... il faut vous séparer.

GEORGES.

Grand Dieu ! que dites-vous ?

BÉATRIX.

Non, je ne vous crois pas, monsieur... Vous voulez m'éprouver... Oh ! non, vous ne pouvez pas exiger que Georges m'abandonne.

GEORGES.

Vous abandonner ! Ah ! Béatrix, mon dernier soupir sera pour vous.

SAINT-FIRMIN.

Mes amis, ce sacrifice affreux, ce n'est pas moi qui l'exige, ce sont des circonstances imprévues.

GEORGES.

De grâce, mon père, expliquez-vous.

SAINT-FIRMIN.

Georges, je suis ruiné, je ne possède plus rien. L'homme chez qui j'avais placé ma fortune vient de disparaître.

GEORGES.

Ce négociant si intègre, cet ami si dévoué !..

SAINT-FIRMIN.

Il a fait banqueroute.

BÉATRIX.

Ah ! monsieur, Georges m'aimera-t-il moins ?

GEORGES.

Non, je vous aimerai toujours... Mais, hélas! mon père a raison; je n'ai plus qu'à regretter le bonheur que je perds aujourd'hui.

BÉATRIX.

Mais ce n'est pas possible! Vous voulez donc me faire mourir?

GEORGES.

Béatrix...

SAINT-FIRMIN.

Écoutez-moi; dans la position où nous sommes, mon fils ne peut accepter votre main; le monde ne jugerait pas comme vous. Entraînée par la candeur de votre âge, vous n'écoutez qu'un sentiment de générosité, dont plus tard vous vous repentiriez peut-être.

BÉATRIX.

Oh! jamais.

SAINT-FIRMIN.

Béatrix, on parle ainsi dans la jeunesse, lorsque le cœur est encore plein de douces illusions. On se sacrifie à l'objet de son choix; mais plus tard les regrets arrivent, les besoins se font sentir, et quel désespoir pour Georges, si un jour il voyait Béatrix malheureuse d'être sa femme.

BÉATRIX.

Oh! monsieur, vous ne pouvez le penser. Ma mère n'a-t-elle pas assez de fortune pour deux?

SAINT-FIRMIN.

Oui, mais songez que, quand même elle le voudrait, l'honneur nous défend d'accepter.

BÉATRIX.

Eh! monsieur, l'honneur vous défend avant tout de faire couler mes larmes.

GEORGES.

Ah! vous me faites sentir encore plus toute l'étendue de ma perte... Béatrix... notre séparation est devenue nécessaire.

BÉATRIX.

Georges, vous ne m'avez jamais aimée.

GEORGES.

Je ne vous ai point aimée! Béatrix, quoi qu'il puisse arriver, quelle que soit la position où la fortune me place, si je ne puis être votre époux, je ne serai jamais l'époux d'une autre.

SCÈNE XII.

LES MÊMES, LA BARONNE.

LA BARONNE.

Eh bien! on pleure ici?... un jour de noces!... Georges, que signifie?

BÉATRIX.

Suis-je assez malheureuse!

BRIGITTE.

LA BARONNE.

Expliquez-vous, ma fille... parlez...

SAINT-FIRMIN.

Cette lettre que je viens de recevoir à l'instant.

LA BARONNE.

Eh bien?...

SAINT-FIRMIN.

Vous verrez, après l'avoir lue, qu'il est impossible que votre fille accepte la main de Georges.

LA BARONNE.

Cette lettre me prouve que vous avez perdu votre fortune, et voilà tout... C'est un malheur, mais il serait plus grand encore, s'il apportait le moindre changement à l'union de Georges et de Béatrix.

BÉATRIX.

Ah! maman, c'est ce que je disais.

SAINT-FIRMIN.

Non, madame, tant que mon fils pouvait donner à sa femme le rang que son éducation, sa naissance ont marqué dans la société, ce mariage était le plus cher de mes projets; vos vertus, les grâces de Béatrix, tout enfin m'engageait à resserrer les nœuds de l'amitié qui nous lie. Aujourd'hui, tout est changé: mon fils est pauvre; je ne possède plus que ma charge de conseiller au parlement. Je ne puis rien donner à Georges; il n'a point d'état dans le monde...

LA BARONNE.

Eh! qu'importe! ma fortune n'est-elle pas à lui?

BÉATRIX.

Maman! oh! que vous parlez bien!

SAINT-FIRMIN.

Je n'attendais pas moins de votre délicatesse, madame; mais je dois aussi avoir la mienne. Je serais indigne de vos bontés, si je n'employais pas toute mon influence auprès de mon fils pour l'engager à renoncer à un mariage qui devait faire son bonheur, et j'ose le dire, le mien. Dans le rang où je suis placé, madame, j'ai besoin plus que personne de jouir de l'estime publique. Et que dirait-on de moi, si j'acceptais? D'ici, je crois entendre M. Delaunay, notre procureur-général, dont la haine envieuse me poursuit depuis si long-temps, qui n'a rien oublié pour flétrir une réputation placée jusqu'à ce jour, au dessus de ses atteintes; il dirait, n'en doutez pas, que vous n'avez su nos malheurs qu'au retour de l'église, lorsqu'il n'était plus temps de retirer votre parole.

LA BARONNE.

Eh! monsieur, pouvez-vous empêcher les méchans de parler?... Un homme comme vous n'est-il pas au dessus de ces vaines clameurs? Mais je juge le public mieux que vous ne le jugez, monsieur. On n'oserait vous soupçonner d'un aussi vil calcul; on dira que la fortune a eu des torts en-

vers vous, et que Mme de Feldberg a été assez heureuse pour les réparer.
BÉATRIX.
Vous n'avez rien à répondre à cela.
GEORGES.
Mon père !
SAINT-FIRMIN.
Non, mon fils ; non, ma chère Béatrix, je ne puis pas, je ne dois pas consentir...
LA BARONNE.
Ecoutez-moi, monsieur de Saint-Firmin, écoutez-moi, et répondez à la question que je vais vous adresser. Supposons que la lettre que vous venez de recevoir eût été pour moi ; si j'avais perdu tout ce que je possède et que vous eussiez tout conservé, que feriez-vous ?
SAINT-FIRMIN.
Ah ! madame, s'il en était ainsi...
LA BARONNE.
Vous diriez à Georges d'épouser Béatrix.
SAINT-FIRMIN.
Oui, madame.
LA BARONNE.
Eh bien ! moi, je dis à Béatrix : Tu épouseras Georges.
GEORGES.
Quel bonheur !
SAINT-FIRMIN.
Mais madame...
LA BARONNE.
Allons, c'est une affaire terminée ; vous vous êtes condamné vous-même.

SAINT-FIRMIN.
Condamné ! ah ! madame, condamné à voir s'accomplir le plus vif de tous mes souhaits.
GEORGES.
Mon père, je suis jeune ; un long avenir s'ouvre devant moi ; plusieurs carrières s'offrent à mon ambition. Béatrix, je vais penser à vous, je réponds du succès.
BÉATRIX.
Georges, soyez toujours le même pour moi ; c'est là que se bornent tous mes désirs.

SCÈNE XIII.

Les Mêmes, PIERRE, WILFRID, Suite.

LA BARONNE.
Mais voilà tous nos parens que nous avons invités.
PIERRE.
Madame est servie.
LA BARONNE.
Allons, messieurs, donnez la main aux dames.
WILFRID, entrant. Il suit la baronne, au moment où elle se retourne pour prendre la main que Saint-Firmin lui offre, il s'écrie à part :
Brigitte ! ! !
LA BARONNE, bas.
O ciel ! Wilfrid !... Silence !
WILFRID, à part.
J'en cherchais une, en voilà deux.

ACTE DEUXIÈME.

Le théâtre représente un salon ; grande fenêtre avec balcon au fond, portes latérales.

SCÈNE I.

WILFRID, LA BARONNE, ROSE, Domestiques.

LA BARONNE, aux domestiques.
Vous m'entendez, c'est monsieur Wilfrid qui, désormais, vous transmettra mes ordres ; je lui donne, dans cette maison, les fonctions d'intendant, et je veux qu'on lui obéisse comme à moi-même. Allez, et ne négligez rien des nombreux devoirs que vous avez à remplir aujourd'hui. Vous voyez, Rose, quel prix j'attache à votre recommandation.
ROSE.
Oh ! comment reconnaître les bontés de madame la baronne ? J'espère que monsieur Wilfrid s'en rendra digne.
LA BARONNE.
Je n'en doute pas. Laissez-moi seule avec lui ; il faut qu'il reçoive mes instructions.
ROSE, bas à Wilfrid en sortant.
Wilfrid, je compte sur vos promesses.

SCÈNE II.

LA BARONNE, assise ; WILFRID.

LA BARONNE, à part.
Il n'y a pas à balancer ; si je ne lui confie tout, je suis perdue !

WILFRID.
Voyons-la venir.
LA BARONNE.
Eh bien ! Wilfrid ?
WILFRID.
Eh bien ! Brigitte ?
LA BARONNE.
Il n'y a point de Brigitte ici.
WILFRID.
C'est juste !... il y a une baronne... Diable ! j'aurai de la peine à m'y accoutumer.
LA BARONNE.
Il le faut pourtant. Que nul ici ne soupçonne qu'autrefois nous nous sommes connus !
WILFRID.
Madame la baronne n'ignore pas qu'au besoin je sais jouer un rôle.
LA BARONNE.
Oui, j'ai su apprécier vos talens ; mais le temps presse. Ecoutez-moi, Wilfrid : je ne vous demanderai point où vous avez connu Rose, ma femme de chambre, et quelle sorte d'intérêt vous lui inspirez. Je sais combien l'art de la séduction vous est familier , et je m'inquiète peu de vos amours ; mais, puisqu'un hasard, heureux peut-être, pour tous deux, nous a réunis après une si longue séparation, nous devons en profiter. Cette rencontre fortuite ne pouvait venir plus à propos.
WILFRID.
Il n'a pas tenu à vous, madame la baronne, que jamais cette rencontre n'eût lieu. Si les cachots de Munich où, en bonne justice, vous me deviez tenir compagnie, avaient mieux gardé votre associé, je n'aurais pas aujourd'hui l'honneur d'être votre intendant.
LA BARONNE.
Bon ! Est-ce que vous auriez de la rancune ?
WILFRID.
Six années de prison peuvent en donner. On en aurait à moins.
LA BARONNE.
Que pouvais-je faire ? Paraître m'intéresser à votre sort, c'était me perdre sans vous sauver. D'ailleurs le baron de Feldberg me fit quitter la Bavière; entraîné par l'amour que je lui inspirais, il m'épousa quelques mois après ce funeste événement.
WILFRID.
Il vous épousa ?... Le brave homme !
LA BARONNE.
Mais au bout d'une année, il mourut. Mes folles prodigalités avaient dérangé sa fortune; le reste me fut disputé par une famille avide et puissante. Etrangère, sans appui, sans considération, que pouvais-je opposer à mes ennemis ? Je fus dépouillée ; il me fallut fuir ; je réalisai les débris de ma splendeur passée et je revins en France; je revis Toulouse, où je suis née, où commencèrent mes malheurs. Vingt années d'absence m'avaient rendue méconnaissable ; la taille, les traits, la voix, tout était changé, personne ne me reconnut! Il me restait à peu près soixante mille livres, je les consacrai à me créer une honorable réputation ; j'affichai une austérité de mœurs dont parfois, je l'avoue, je riais toute seule. Je parvins à faire doubler, tripler, par la renommée, les sommes que j'employais en œuvres de bienfaisance. Ma vertu fit du bruit; on ne parla plus que de moi dans la ville ; je fondai ce pensionnat ; je fus recherchée, accueillie par tout ce qu'il y a de distingué dans Toulouse, et dès ce moment, je conçus l'espoir d'accomplir les projets de vengeance qui m'avaient ramenée en ces murs.
WILFRID.
Des projets de vengeance !... Et contre qui ?
BRIGITTE.
Wilfrid, vous allez connaître un horrible secret que jadis il était inutile de vous apprendre... J'avais seize ans; pour la première fois, je donnai mon cœur ; j'aimai, j'adorai un jeune homme que sa naissance plaçait au premier rang dans cette ville. Mon père était d'une condition obscure; une alliance avec lui aurait humilié une orgueilleuse famille ; elle défendit à mon amant de me revoir jamais. Un soir, j'étais chez lui; on me surveillait; on m'arrêta. Je fus accusée de vol, parce qu'on trouva sur moi quelques bijoux appartenant à celui que j'aimais. J'étais innocente ; on parvint à prouver que j'étais coupable. Ce fut le père de Jules (il se nommait Jules) qui eut la barbarie de me présenter sous les apparences du crime pour me perdre dans l'esprit de son fils. Je fus jugée... Trop jeune pour subir le dernier supplice, on m'en fit grâce ; mais je fus condamnée à une ignominie cent fois pire que la mort ! Ah ! ce souvenir gonfle ma poitrine !... J'ai besoin de songer que l'heure de la vengeance approche.
WILFRID.
Mais comment prétendez-vous ?
BRIGITTE.
Ceci est mon secret , c'est mon bien !... je veux en jouir seule ; le reste, vous le partagerez. Puisque le hasard vient m'offrir un aussi précieux auxiliaire, je ne le dédaignerai pas ; je vous dois d'ailleurs une indemnité pour l'affaire de Munich.
WILFRID.
A la bonne heure !... voilà de la conscience. Parlez, je vous écoute.
BRIGITTE.
Quand j'aurai accompli ma vengeance, il me faudra quitter la France pour toujours. Mais irai-je sous un ciel étranger traîner une vieillesse misérable? Non, il me faut de l'or ; il me faut les plaisirs que donne l'opulence ; je les aurai.
WILFRID.
Oh ! oh ! vous m'intéressez, madame la baronne... Poursuivez.

BRIGITTE.

Aujourd'hui, je donne une fête brillante, dont la distribution des prix est le prétexte; nous avons une noce, un spectacle, un grand souper, du monde à ne pas nous reconnaître; pour orner les turbans, les robes d'Assuérus et d'Esther, j'ai maintenant entre mes mains les diamans de toutes les dames de la province, il y en a pour deux millions au moins.

WILFRID.

Assez, madame la baronne, assez... j'y suis à présent!... Diable, l'idée est sublime.

BRIGITTE.

Vous pensez donc?

WILFRID.

Pardieu! j'entends à demi-mot. Ce soir, profitant de la confusion qui règnera nécessairement dans cette foule de curieux et de parasites, vous mettez dans une bonne voiture la dépouille du roi de Perse, de son favori et de sa tendre épouse; puis, fouette cocher vers la frontière. Et si l'on vous attend pour souper, on risque fort de vous attendre long-temps. Eh bien! est-ce cela?

BRIGITTE.

Vous m'avez deviné.

WILFRID.

J'ai l'honneur de vous connaître. Ah! ah! les gens qui vantaient si haut les vertus de madame la baronne de Feldberg!..

BRIGITTE.

Et que m'importe leur opinion? Cette société qui m'accusera a-t-elle maintenant quelques droits sur moi? ne m'a-t-elle pas rejetée de son sein? Faible et sans défense, je lui demandais ma part de bonheur; son dédain m'a repoussée... J'étais innocente; ses lois m'ont flétrie!.. Eh bien, je foule aux pieds ses lois. Ce n'est point moi qui ai choisi ma route; on l'a tracée devant mes pas; j'y marche sans regarder en arrière. Aux préjugés qui m'ont déshéritée de mon avenir, je ne dois que mon mépris! aux lois qui ont marqué mon front innocent du sceau de l'infamie, je ne dois que ma haine! Que les anathèmes de cette société me poursuivent donc! je peux les braver, car je me venge et je m'acquitte.

WILFRID.

A la bonne heure!... Et vous avez tout disposé?

BRIGITTE.

La voiture est prête; les chevaux sont commandés; nous serons près de la frontière, quand on s'apercevra de notre départ.

WILFRID.

Oh! mon Dieu! mon Dieu!

BRIGITTE.

Qu'avez-vous donc, Wilfrid?

WILFRID.

J'ai... j'ai que je suis dans un grand embarras.

BRIGITTE.

Comment?

WILFRID.

J'avais formé le projet de devenir honnête homme.

BRIGITTE.

Vraiment!

WILFRID.

Oui... je devais commencer aujourd'hui.

BRIGITTE.

Serais-je victime de ma confiance?

WILFRID.

Non!.. Au diable les scrupules!.. Je ne commencerai que demain. Avec deux millions ce sera beaucoup plus facile.

BRIGITTE.

Puis-je compter sur vous?

WILFRID.

Comme sur vous-même.

SCÈNE III.

WILFRID, BRIGITTE, SAINT-FIRMIN, GEORGES, BÉATRIX.

SAINT-FIRMIN.

Tout est prêt, madame; monseigneur l'archevêque est à l'autel; il nous attend.

GEORGES.

Cet heureux moment est arrivé enfin, et mon impatience...

BRIGITTE.

Ne peut l'emporter sur la mienne. Partons, messieurs. (Ils sortent à l'exception de Wilfrid.)

SCÈNE IV.

WILFRID, seul.

Quelle diable de vengeance médite-t-elle donc? En me confiant ses projets d'avenir, elle ne m'a pas expliqué celui-là. Au reste, comme elle me l'a fort bien dit, cela ne me regarde pas; ce qui me regarde, ce sont les deux millions de diamans qu'elle m'offre de partager avec elle... Partager!.. avec Brigitte?.. Et cette pauvre Eugénie?.. je vais donc l'abandonner encore une fois?.. Oh! c'est mal! bien mal! la livrer de nouveau à la misère!.. N'est-ce pas elle, elle seule qui devrait prendre sa part de cette fortune que le diable m'envoie si mal à propos pour mes projets de vertu?.. Cette Brigitte qui m'a laissé languir six ans dans les cachots de Munich; à qui j'avais juré de faire payer un jour mes accès de rage, mon désespoir, mes larmes; qui sait si elle ne me trompe pas encore?.. Oh! que l'occasion serait belle!.. Quelle douce vengeance!.. Chut! voici Eugénie.

SCÈNE V.

WILFRID, ROSE.

WILFRID.

Eh bien! la cérémonie est-elle déjà terminée?..

ROSE.

Non, Wilfrid.

WILFRID.

Vous paraissez triste; qu'est-il donc arrivé?

ROSE.

Oh! rien, mais je n'ai pu rester auprès d'eux; mes yeux se remplissaient de larmes.

WILFRID.

Vos souvenirs vous affligent.

ROSE.

Vous savez s'ils doivent être cruels!

WILFRID.

Oui, et je sais aussi que, pour vous dédommager de tout ce que vous avez souffert, pour vous donner l'existence brillante qui vous était due, il n'est rien dont je ne sois capable.

ROSE.

Ne parlons plus du passé; l'avenir est à nous; sachons l'employer à réparer nos torts. Tâchez de plaire à notre vertueuse maîtresse, et le bonheur peut renaître encore pour vous comme pour moi.

WILFRID, à part.

Vertueuse maîtresse! (Haut.) Sans doute, vous méritez le bonheur. (A part.) Oh! mon Dieu, mon Dieu! quelle tentation! si j'osais...

ROSE.

Qu'avez-vous, Wilfrid?.. vous semblez préoccupé.

WILFRID.

Moi?.. oh! pas du tout... Si fait, pourtant, et il faut que je vous quitte, Eugénie; des ordres de Mme la baronne m'appellent ici près. Je vous reverrai dans peu d'instans. Adieu! (Il sort.)

SCÈNE VI.

ROSE, seule.

Pourquoi donc cet air soucieux et rêveur? Le malheureux est-il sincère? Les habitudes funestes auxquelles je voudrais l'arracher, ne l'entraîneront-elles pas à de nouvelles fautes? Je tremble!.. et cependant j'espère. La baronne a daigné l'accueillir avec bonté; il obtient chez elle un emploi honorable; et, s'il veut, nous pourrons encore avoir de beaux jours!.. J'ai dit nous!... eh! ne lui ai-je pas pardonné?

SCÈNE VII.

ROSE, JACQUES.

JACQUES, à la cantonade.

C'est bon, c'est bon, on y sera. Maudit homme!

ROSE.

A qui en avez-vous donc, Jacques?

JACQUES.

Pardieu! à ce mendiant endimanché qui vient ici trancher du maître et qui m'empêche de voir la fête ce soir.

ROSE.

Comment cela?

JACQUES.

Madame la baronne m'avait ordonné d'atteler mes chevaux à sa voiture à dix heures précises; c'était pour reconduire chez eux des invités, qui demeurent à quelques lieues d'ici, et moi j'exécutais ses ordres avec grand plaisir, parce qu'à dix heures la fête devait être à peu près finie et que j'aurais pu jouir du coup d'œil. On prétend que ce sera magnifique; je n'ai jamais vu jouer une tragédie, et je m'imagine que ça m'aurait amusé.

ROSE.

Eh bien?

JACQUES.

Eh bien! voila-t-il pas que cet intendant de malheur change tout cela.

ROSE.

Ah!

JACQUES.

Oui! c'est à huit heures à présent qu'il faut que je sois en selle, et prêt à partir au galop... Fatiguer mes chevaux pour cet animal-là... Pauvres bêtes! elles valent dix fois mieux que lui.

ROSE.

Comment? est-ce que vous pensez que c'est M. Wilfrid qui partira?

JACQUES.

Je n'en sais rien; mais, en tout cas, si c'est lui, il pourrait bien ne pas aller loin. Il me prend une furieuse envie de le verser dans un fossé. M'empêcher de voir la tragédie!...

ROSE.

Je ne comprendrais pas ce départ.

JACQUES.

Qu'il s'en aille, s'il veut; ce n'est pardieu pas moi qui le retiendrai; mais, si je dois le conduire, je le mènerai d'un train à lui faire perdre la respiration. Et me conseillez-vous la culbute? hein?... Oui, n'est-ce pas?

ROSE.

Oh! monsieur Jacques! quelle pensée!

JACQUES.

Dame! j'en ai versé de plus huppés qui n'en sont pas morts, et c'est une petite vengeance bien permise.

ROSE, à elle-même.

Je ne sais pourquoi je me sens inquiète. Sa préoccupation, cette voiture... cette heure de départ, changée tout à coup... Ah! ne le perdons pas de vue. Avec lui, je dois tout craindre.

JACQUES.

Tenez, mademoiselle Rose, voilà toute la noce qui revient; ils sont mariés, ils sont heureux!... Oh! si vous aviez voulu... mais vous ne voulez pas... Allons, il faut que je prépare tout pour huit heures... Damné Wilfrid!... Vous ne voulez donc pas d'une petite culbute?

ROSE.

Jacques...

JACQUES.

Décidément, ça m'aurait pourtant diverti!... N'en parlons plus... mais je lui garde une fière dent, je vous en réponds.

(Ils sortent.)

SCÈNE VIII.

BRIGITTE, SAINT-FIRMIN.

BRIGITTE.

Venez, monsieur de Saint-Firmin, venez; quittons un instant cette foule; ce bruit, ces cris de joie m'importunent; je désire causer avec vous. (A part.) La voilà donc venue cette heure si long-temps, si impatiemment désirée. (Ils s'asseyent.) Eh bien! nos jeunes gens sont mariés... ils sont heureux... du moins ils croient l'être... Sera-ce pour long-temps?

SAINT-FIRMIN.

Que dites-vous, madame.

BRIGITTE.

Tous ces beaux sermens de votre fils seront bientôt oubliés. C'est le cours ordinaire des choses, dans ce monde.

SAINT-FIRMIN.

Ah! madame... Si j'avais douté que toutes les actions de Georges ne fussent consacrées au bonheur de Béatrix, je me serais opposé de tout mon pouvoir à ce mariage.

BRIGITTE.

Oui, votre fils est heureux aujourd'hui, il le sera demain... dans six mois peut-être... mais plus tard?

SAINT-FIRMIN.

Plus tard, madame? Expliquez-vous...

BRIGITTE.

Je veux dire, monsieur, que l'amour passe, et qu'alors...

SAINT-FIRMIN.

Eh bien! madame, alors l'amitié reste.

BRIGITTE.

Pas toujours. On a vu souvent l'amour le plus absolu remplacé en peu de temps par l'indifférence... par... le mépris.

SAINT-FIRMIN.

Ah! madame! pourriez-vous supposer que Georges...

BRIGITTE.

Georges est comme tous les autres hommes, monsieur; il pense aujourd'hui ce qu'il dit, je le crois du moins.

Dans tous les cas, ces réflexions viendraient bien tard, madame. Mais d'où peuvent naître aujourd'hui de semblables idées?

BRIGITTE.

Je les ai depuis long-temps, monsieur. Depuis vingt ans, je ne crois plus aux sermens d'un amour éternel; vous-même, y croyez-vous?

SAINT-FIRMIN.

Oui, madame, et je m'offrirais volontiers pour caution de la conduite et des sentimens de Georges.

BRIGITTE.

Caution de votre fils, monsieur! caution de votre fils!... Et qui sera la vôtre?

SAINT-FIRMIN.

Madame!...

BRIGITTE.

Lorsqu'on veut garantir la parole de quelqu'un, il faut prouver d'abord que jamais on n'a manqué à la sienne.

SAINT-FIRMIN.

Mais, madame, je ne puis concilier vos paroles avec les marques d'amitié que vous m'avez si souvent données.

BRIGITTE.

Voyons, monsieur le conseiller au parlement de Toulouse, descendez dans votre conscience. N'avez-vous jamais promis à quelque malheureux objet d'un amour passager, que toute votre existence lui serait consacrée, que votre fidélité serait à toute épreuve et durerait jusqu'à la mort.

SAINT-FIRMIN.

Moi, madame?

BRIGITTE.

Oui, vous, monsieur!... répondez!

SAINT-FIRMIN.

Mais, madame, cet interrogatoire...

BRIGITTE.

Vous ennuie, vous fatigue peut-être... Patience! il n'est pas fini... Rappelez vos souvenirs... vos souvenirs de vingt ans... Eh bien! y êtes-vous?... voyons, répondez.

SAINT-FIRMIN.

A l'âge que j'avais alors...

BRIGITTE.

Fort bien! vous en convenez, à présent. Et si aujourd'hui, cette femme venait vous demander l'accomplissement de vos promesses les plus solennelles, que feriez-vous?

SAINT-FIRMIN.

Madame, est-il beaucoup d'hommes à qui de semblables reproches ne puissent s'adresser?

BRIGITTE.

Mais en est-il beaucoup qui aient sacrifié aussi indignement l'objet de leur premier amour? En est-il qui aient traité leur maîtresse comme vous avez traité Brigitte?

SAINT-FIRMIN.

Brigitte!!! On vous a conté l'histoire de cette pauvre Brigitte?

BRIGITTE.

Oui, on me l'a racontée... Au reste, monsieur, une jeune fille oubliée, sacrifiée, ce n'est rien, et dans le monde, on n'en est pas moins homme d'honneur. Que dis-je! on acquiert une certaine gloire; on passe pour homme à bonnes fortunes; c'est un titre que beaucoup de gens ambitionnent et que vous possédiez autrefois... à ce que l'on m'a dit.

SAINT-FIRMIN.

Madame, si jadis ma conduite fut légère, j'ai tâché de la faire oublier par une vie sans reproche, j'ose le dire; je ne reconnais à personne le droit de m'en faire souvenir, et il me semble que vous, qui devriez y être tout à fait indifférente...

BRIGITTE.

Et qui vous a dit que je dusse y être tout à fait indifférente? Qui vous a dit que cette Brigitte, que vous avez, par vos séductions, conduite à sa perte, que vous avez laissé déshonorer, par un arrêt infamant, que vous avez laissé flétrir par la main du bourreau, n'est pas liée à moi par les nœuds les plus chers?

SAINT-FIRMIN.

Oh! madame! Où est-elle?

BRIGITTE.

Eh! que vous importe de connaître son sort? qu'elle soit dans la misère ou dans l'opulence; qu'elle soit morte ou vivante, que vous importe?

SAINT-FIRMIN.

Ah! je ne l'ai jamais oubliée.

BRIGITTE.

Oui, et deux mois après son départ, vous étiez marié! Quel départ, grand Dieu! Au milieu des rires, des huées d'une exécrable populace! Une fille de quinze ans est traînée dans les rues de cette ville; on l'abreuve d'ignominie; celui qui l'accompagne, c'est le bourreau! Elle reçoit toutes les insultes; on lui fait boire le calice jusqu'à la lie : ses vêtemens sont déchirés, mis en lambeaux, couverts de fange!.. Ce fut un jour de fête pour votre famille! A chaque carrefour on s'arrête pour prolonger son supplice! A chaque halte, on lit l'affreuse sentence dictée par votre abominable père!..

SAINT-FIRMIN.

Madame, j'ai pu supporter les injures qui m'étaient personnelles, mais je ne souffrirai pas...

BRIGITTE.

Il faudra cependant que vous le souffriez.

SAINT-FIRMIN.

Mais quel changement subit s'est fait en vous? D'où vient cet étrange langage? Qui peut vous l'inspirer? Pourquoi choisissez-vous ce jour? Et pourquoi depuis trois ans ne m'en avez-vous point parlé?

BRIGITTE.

Vous le saurez plus tard... Oui, votre abominable père avait dicté la sentence; des juges la signèrent, et le bourreau l'exécuta. Elle vous eût pardonné votre mariage, si vous aviez montré à cette pauvre fille que vous aviez une âme, si vous aviez pris fait et cause pour elle, si vous aviez été son défenseur... Elle y comptait! Au tribunal, ses yeux vous cherchaient, son cœur vous appelait... Vous n'y étiez pas le jour, le jour affreux où l'on exécuta ce jugement inique; elle espérait qu'avec vos amis, vous viendriez la délivrer, que vous le tenteriez, du moins... elle y comptait.. A chaque mouvement des flots de cette multitude qui l'abreuvait d'injures, elle croyait vous voir paraître tout armé pour sa défense. Vous n'y étiez pas... Elle vous attendait... Elle regarda partout, dans tous les groupes... Vous n'y étiez pas... Vous êtes un infâme!

SAINT-FIRMIN.

Ah! cette voix! ce regard!.. Mon Dieu!.. Je tremble!

BRIGITTE.

Je vous l'ai dit et je vous le répète; M. de Saint-Firmin, vous êtes un infâme! Cette Brigitte, déshonorée par vous, puisque vous ne l'avez pas défendue, ni sauvée quand c'était votre devoir...

SAINT-FIRMIN.

Elle était devenue indigne de moi en se rendant coupable d'un vol.

BRIGITTE.

D'un vol!.. vous ne le croyez pas, vous n'avez jamais pu le croire... Vous promîtes à votre père de ne plus la voir, de ne plus vous occuper d'elle; mais auparavant, vous aviez promis à Brigitte de désobéir à votre père; vous lui aviez donné votre amour, tout votre avenir. Eh bien! cette Brigitte accusée et punie d'un crime qu'elle n'avait pas commis, qu'elle était incapable de commettre alors, a été forcée par vous de vivre avec des hommes, vil rebut de l'espèce humaine, avec des vagabonds, des bandits, des brigands; elle a été la complice de leurs crimes; tous ses malheurs, elle vous les doit; tous ses forfaits, c'est vous qui les avez commis. Mais l'heure de la vengeance a sonné. Cette Brigitte, autrefois si jolie, aujourd'hui vieillie par le malheur plus encore que par les années, cette Brigitte est devant vous.

SAINT-FIRMIN.
Vous!... oh!... oui, oui... c'est vous!

BRIGITTE.
Ah! je suis heureuse maintenant; je puis cesser toute dissimulation avec toi; je puis me livrer sans réserve à tous les transports de ma haine!... Oh! que j'ai souffert pendant trois ans! Te voir tous les jours, te haïr, et devoir feindre de l'amitié pour toi! Aujourd'hui je suis libre, j'ai brisé mes fers; je jouis de ma haine, et ton supplice commence.

SAINT-FIRMIN.
Oh! mon Dieu!

BRIGITTE.
Tu n'as pas voulu de moi pour ta femme; la fille d'un honnête ouvrier aurait déshonoré le nom illustre des Saint-Firmin! Que sera-ce donc, aujourd'hui que ton fils vient d'épouser la fille de cette Brigitte? Ma mère était vertueuse, et moi je suis une femme perdue; ma fille est la fille d'une femme couverte d'infamie, d'une femme fouettée par le bourreau. Ce souvenir me charme aujourd'hui. Que va devenir l'antique splendeur du nom de Saint-Firmin? Ah! j'oublie en ce moment toutes mes peines passées; je sens que la vengeance est le premier des biens.

SAINT-FIRMIN.
Oh! c'est horrible.

BRIGITTE.
Te voilà le beau-père de la fille de cette Brigitte. Cet hymen me venge des huées de la populace, qui va te huer à ton tour; à ton tour, tu connaîtras cette peine sans fin, ces angoisses de tous les jours, que donne à un cœur fier le mépris de ses concitoyens; tu sentiras le mal que peut causer le rire des méchans et des sots. Je te laisse y songer. Adieu, Saint-Firmin, tu me reverras.

SCÈNE IX.

SAINT-FIRMIN, seul.

Est-ce un rêve? Est-ce la baronne de Feldberg?.. Est-ce Brigitte?... Brigitte! une femme perdue! et Béatrix est sa fille! et mon fils est l'époux de Brigitte! Mon nom, ce nom que vingt années d'honneur et de vertus avaient entouré de considération, est flétri, flétri à jamais!... Ces nœuds exécrables, je veux les rompre! Mais Georges, mon fils... comment résister à son désespoir?... Il faut partir; il faut l'emmener!... Qu'il ignore tout, en ce moment... Quand il sera loin d'elle, j'aurai sur lui plus d'empire... Oui, partons, et qu'il me suive! je ne veux pas rester un instant de plus dans cette infâme demeure.

SCÈNE X.

SAINT-FIRMIN, GEORGES.

GEORGES, accourant effaré.
Mon père!

SAINT-FIRMIN.
Viens, Georges, viens mon fils!... Oh! que j'avais besoin de te voir.

GEORGES.
Comme vous paraissez troublé!... Vous savez donc cette affreuse nouvelle?

SAINT-FIRMIN.
Mais toi, comment la sais-tu?

GEORGES.
Il vient de mourir dans mes bras.

SAINT-FIRMIN.
Mourir! qui?

GEORGES.
Votre père.

SAINT-FIRMIN.
Grand Dieu!

GEORGES.
Une révolution subite vient de l'enlever à notre amour.

SAINT-FIRMIN.
Mon père!

GEORGES.
Une lettre qu'il a reçue a causé sa mort.

SAINT-FIRMIN.
Une lettre? de qui?

GEORGES.
Je l'ignore!

SAINT-FIRMIN, à part.
Ah? Je la reconnais... C'est encore Brigitte.

GEORGES.
J'étais auprès de lui; un domestique entre, une lettre à la main; mon grand-père brise le cachet, et tout-à-coup il change de couleur... Des mots entrecoupés, des sanglots succèdent rapidement. En vain je lui demande le sujet de sa douleur; il se tait, il reste un instant immobile, les yeux fixes; il regardait, mais il ne voyait pas. Enfin il parait prendre une détermination; il jette la lettre au feu en me disant : « Georges, puissiez-vous ne jamais connaître cet horrible secret! » A l'instant, ses yeux se ferment, il tombe! Tous les secours lui sont prodigués; le médecin arrive... Il était mort!

SAINT-FIRMIN.
Mort! et c'est moi qui l'ai tué!

GEORGES.
Vous, mon père?

SAINT-FIRMIN.

Georges, il faut que je parte, que je parte à l'instant.

GEORGES.

Partir! que dites-vous?

SAINT-FIRMIN.

Ecoute-moi, mon fils! Fortune, honneur, espérances d'avenir, en un jour, j'ai tout perdu! Un secret pèse là sur mon cœur... tu l'apprendras... mais il faut que je m'éloigne! L'air que je respire ici me fait mal!... Il faut que je m'éloigne!... Veux-tu me suivre?

GEORGES.

Vous suivre!... et Béatrix?

SAINT-FIRMIN, avec fureur.

Béatrix!... malheureux!

GEORGES.

Mon père!

SAINT-FIRMIN, se remettant.

Béatrix!... ah! oui... Tu la reverras... demain... bientôt!... mais, je t'en conjure, ne m'abandonne pas!... Viens, Georges, viens; ne repousse pas ton malheureux père.

GEORGES.

Je ne puis vous comprendre.

SAINT-FIRMIN.

Tu sauras tout! Suis-moi, partons, mon fils!... Ton père t'en supplie! Faut-il qu'il tombe à tes pieds? N'auras-tu point pitié de sa douleur?

GEORGES.

Ordonnez, mon père, ordonnez! disposez de moi!... mais je la reverrai bientôt?

SAINT-FIRMIN.

Oui!... oui!...

GEORGES.

Souffrez au moins que je la voie, que je lui dise...

SAINT-FIRMIN.

Rien!... rien!... Il faut me suivre... me suivre à l'instant.

GEORGES.

Quel effrayant mystère!

SCÈNE XI.

LES MÊMES, JACQUES.

SAINT-FIRMIN.

Ah! c'est vous, Jacques?... Vite une voiture, des chevaux.

JACQUES.

Ah! bien oui, des chevaux!... ils sont en route! Tous mes camarades trottent pour amener du monde à la fête, et moi qui vais partir.

SIANT-FIRMIN.

Tu pars?

BRIGITTE.

JACQUES.

Dans cinq minutes, mes chevaux sont attelés.

SAINT-FIRMIN.

Pour qui?

JACQUES.

Pour ce M. Wilfrid; et je venais voir s'il est prêt.

SAINT-FIRMIN, à part.

Quelle idée! (Haut.) C'est pour moi qu'il a commandé la voiture, partons.

JACQUES.

Pour vous?

SAINT-FIRMIN.

Oui; une affaire importante m'oblige à m'éloigner cette nuit. Venez, Jacques; et vous, mon fils, ne me quittez pas.

JACQUES.

A la bonne heure!... En route donc, monsieur de Saint-Firmin! Je vais vous mener d'un fier train, je vous en réponds.

(Ils sortent.)

SCÈNE XII.

ROSE, seule.

Horrible découverte!... Il me trompait encore! et c'est moi qui l'ai conduit dans cette maison... Mais son affreux projet ne s'accomplira pas... Pour redescendre dans la cour, il faut qu'il passe ici... il va me trouver... et, s'il veut poursuivre sa route, il faudra qu'il me tue.

SCÈNE XIII.

WILFRID, ROSE.

WILFRID, entrant.

Allons, tout le monde est occupé; Jacques doit être en selle; voici le moment... Ah! Eugénie!

ROSE.

Vous ne m'attendiez pas, Wilfrid?

WILFRID.

Mais... je suis toujours aise de vous rencontrer.

ROSE.

Où courez-vous si vite?

WILFRID.

Exécuter les ordres de Mme la baronne.

ROSE.

Misérable!... je sais tout! Vous ne sortirez pas.

WILFRID.

Qu'est-ce à dire?

ROSE.

N'espérez pas me tromper! Je vous ai vu; vous

3

venez de placer dans une voiture tous les diamans.
WILFRID.
Silence!
ROSE.
Non, vous m'entendrez!... Est-ce là le prix du pardon que je vous avais accordé? Et j'ai pu être dupe de ce feint repentir!...
WILFRID.
Il était sincère, ma parole d'honneur!
ROSE.
Malheureux!
WILFRID.
Je te le répète, il était sincère... mais deux millions!...
ROSE.
Abuser ainsi de l'hospitalité qu'on lui donne! Me laisser ici sous le poids de son crime!
WILFRID.
Deux millions, Eugénie!... deux millions! Ecoute! pars avec moi; rien ne m'empêchera plus d'être honnête homme, à présent.
ROSE.
Partir avec toi!.. tu as pu le croire?
WILFRID.
Eh bien! laisse-moi m'en aller, et viens me rejoindre.
ROSE.
Plutôt mourir!
WILFRID.
Allons, Eugénie, le temps presse; on m'attend, décide-toi.
ROSE.
Tu ne sortiras pas.
WILFRID.
Prétendez-vous m'arrêter, quand la voiture... (On entend le bruit d'une voiture.) Malédiction!... elle est partie!... elle est partie sans moi!... je suis encore sa dupe!
ROSE.
La dupe de qui?
WILFRID.
De votre baronne de Feldberg.
ROSE.
Wilfrid!...
WILFRID.
Je vous dis qu'elle est partie; que c'est elle qui...
ROSE.
La voilà!

SCÈNE XIV.

LES MÊMES, BRIGITTE, ensuite PIERRE.

WILFRID, à part.
Brigitte!... Eh! qui diable a pris la voiture?
BRIGITTE.
Qu'avez-vous donc, Wilfrid? vous paraissez ému.
WILFRID.
On le serait à moins. (Bas à Brigitte.) Je ne sais qui a pris la voiture, mais elle est partie.
BRIGITTE.
Rose, laissez-nous. (Rose sort.) Qu'importe? nous en prendrons une autre.
WILFRID.
Fort bien, mais les diamans sont partis aussi.
BRIGITTE.
Avant le spectacle! Vous vouliez me tromper, vous vouliez partir seul.
WILFRID.
M'en croyez-vous capable?
BRIGITTE.
Oui. (Appelant.) Pierre, Pierre! quelles sont les personnes que Jacques vient d'emmener.
PIERRE.
MM. de Saint-Firmin.
BRIGITTE.
Savez-vous le motif... le but de ce voyage?
PIERRE.
Non; M. Georges ne voulait point partir, mais son père l'y a forcé.
BRIGITTE, à part.
Je comprends.
WILFRID, à part.
Nous étions trois.
PIERRE.
François est arrivé, mais il était trop tard. Le voilà bien embarrassé, ce pauvre François; de trois maîtres qu'il avait ce matin, l'un vient de mourir, et les deux autres courent la poste, et vont je ne sais où.
BRIGITTE.
Vous a-t-il donné quelques détails sur la mort de son maître?
PIERRE.
Oui, madame; il paraît que ce malheur a été causé par une lettre qu'il a reçue.
BRIGITTE.
Et... sait-il ce que contenait cette lettre?
PIERRE.
Non, madame.
BRIGITTE.
Sait-il qui l'avait écrite?
PIERRE.
Non, madame; le vieillard l'a brûlée au moment de mourir.

BRIGITTE.
Pierre, en êtes-vous certain?
PIERRE.
François me l'a dit.
BRIGITTE.
Ceci change tous mes projets. (Bas à Wilfrid.) Et tous les diamans sont dans les coffres?
WILFRID, bas.
Oui.
BRIGITTE, de même.
Vous en êtes sûr?
WILFRID, de même.
Je les ai placés moi-même.
BRIGITTE, de même.
Quelqu'un vous a-t-il vu?
WILFRID, de même.
Non.

BRIGITTE, de même.
Silence! (Haut.) Pierre, appelez tout le monde. (Bas à Wilfrid.) Sans le vouloir, vous m'avez bien servie; je reste ici, je suis toujours Mme de Feldberg; vous m'entendez?... (Tout le monde entre. Haut.) Un crime vient d'être commis dans cette maison. L'honneur, la morale, ma responsabilité personnelle, tout m'ordonne enfin d'en poursuivre les auteurs. Je dois rompre et je romps tous les liens qui m'attachaient à eux. Vous, courez chez le commandant de la maréchaussée; vous, chez le président du parlement; vous chez le grand prévôt. Dites à tout le monde que MM. de Saint-Firmin père et fils viennent de voler chez moi une énorme quantité de diamans. Donnez le signalement de la voiture; que l'on coure après eux sur toutes les routes; qu'on les arrête; et que la société soit vengée!

ACTE TROISIÈME.

Le théâtre représente une salle de la maison de Brigitte; porte au fond, fenêtres de chaque côté de la porte.

SCÈNE I.

BRIGITTE, assise, WILFRID.

BRIGITTE.
N'espérez pas me tromper, Wilfrid; vous vouliez partir avec les diamans.

WILFRID.
Ma foi, convenez que c'était bien tentant, madame la baronne.

BRIGITTE.
Misérable!

WILFRID.
Pardieu, je vous conseille de m'accuser!... Si j'avais réussi, nous n'aurions pas encore été quittes; car, enfin, je vous laissais ici dans l'aisance, entourée de la considération publique, et vous, où m'avez-vous abandonné, jadis? dans le fond d'un cachot. Avant de vous rencontrer, j'avais fait vœu d'être honnête homme; eh bien! je commençais, car je payais une dette.

BRIGITTE.
Honnête homme! vous?

WILFRID.
Si vous m'aviez entendu hier, je vous aurais émue; mais vous me jetez à la tête deux millions de diamans... Qui diable résisterait à cela?

BRIGITTE.
Il suffit! Notre fortune est manquée; mais au moins ma vengeance s'accomplira.

WILFRID.
Il est vrai que voilà M. de Saint-Firmin dans une triste position!... Un conseiller au parlement arrêté au moment où il veut gagner la frontière dans une voiture pleine de diamans.

BRIGITTE.
Toutes les apparences l'accusent.

WILFRID.
Mais la considération dont il jouit, l'estime qui s'attache à son nom ne le défendront-elles pas?

BRIGITTE.
Que peut tout cela contre des faits? D'ailleurs, c'est M. Delaunay, procureur-général au parlement qui est chargé d'instruire l'affaire, et M. Delaunay est l'ennemi personnel de Saint-Firmin.

WILFRID.
A la bonne heure! je ne vous cache pourtant pas, madame la baronne, que j'éprouve quelque inquiétude. Si tout allait se découvrir!

BRIGITTE.
Ne craignez rien.

WILFRID.
C'est moi qui ai porté les diamans dans la voiture, c'est moi qui ai commandé les chevaux, et probablement c'est moi qui serai pendu.

BRIGITTE.
Un peu plus tôt, un peu plus tard!..

WILFRID.
Le plus tard possible, s'il vous plaît; je ne suis pas pressé.

BRIGITTE.
Croyez-vous donc, Wilfrid, que je vous abandonnerais?

WILFRID.

Je ne vous le conseillerais pas.

BRIGITTE.

Comment?

WILFRID.

Vous n'auriez pas ici de haut et puissant seigneur pour vous protéger, et les choses ne se passeraient pas comme à Munich, je vous en avertis; je ferais disparaître la baronne de Feldberg, et je montrerais Brigitte.

BRIGITTE.

Pourquoi s'alarmer à tort? Nous sommes à l'abri du soupçon, et c'est Saint-Firmin qu'attend l'infamie.

WILFRID.

Ah! c'était seulement une précaution oratoire. A bon entendeur, salut!

BRIGITTE.

L'intérêt nous réunit.

WILFRID.

C'est notre plus sûre garantie.

SCÈNE II.

Les Mêmes, PIERRE.

PIERRE, annonçant.

Madame, M. Delaunay, procureur-général au parlement.

BRIGITTE.

Priez-le d'entrer.

(Pierre sort.)

WILFRID.

Je vous laisse, madame la baronne, je n'aime pas me trouver face à face avec ces gens-là.

BRIGITTE.

Il est probable que vous serez interrogé, Wilfrid; du sang-froid, de l'audace, et n'oubliez pas ce dont nous sommes convenus.

WILFRID.

La perspective que j'ai devant les yeux me rendrait la mémoire, si je l'oubliais.

(Il sort.)

SCÈNE III.

BRIGITTE, puis DELAUNAY, accompagné d'un HUISSIER et d'un GREFFIER.

BRIGITTE, seule un instant.

Oui, tout doit réussir! Déjà la flétrissure d'une accusation publique a souillé ce nom dont il était si fier!... Saint-Firmin accusé d'un vol!... Et s'il allait divulguer mon nom!.. Eh bien! que m'importe!... Quand la baronne de Feldberg redeviendrait Brigitte, Saint-Firmin en serait-il moins coupable?... Mais non!... il se taira. Que gagnerait-il à parler?... Une souillure de plus.

DELAUNAY.

Tout cet appareil de la justice est sans doute bien pénible pour vous, madame; mais vous pardonnerez à la nécessité.

BRIGITTE.

Faites votre devoir, monsieur.

DELAUNAY.

J'ai reçu votre déposition; elle est accablante pour MM. de Saint-Firmin.

BRIGITTE.

Ah! monsieur, vous jugez combien je dois souffrir!

DELAUNAY.

Je le comprends.

BRIGITTE.

Une mère, seule, pourrait concevoir les tourmens que j'éprouve. L'avenir de ma fille, à jamais perdu!... Béatrix, la femme, la belle-fille de gens déshonorés!

DELAUNAY.

Cela est cruel.

BRIGITTE.

Et moi, qui les croyais incapables de la moindre action contraire aux règles de la plus exacte probité!... Comme ils m'ont trompée!...

DELAUNAY.

Qui n'y aurait été trompé comme vous? On passe pour honnête homme jusqu'au moment où il est prouvé qu'on est un fripon.

BRIGITTE.

Cette sévère morale qui brillait dans tous les discours de M. de Saint-Firmin.

DELAUNAY.

Hypocrisie!... Je m'en doutais depuis longtemps.

BRIGITTE.

Vous les soupçonniez?...

DELAUNAY.

Je ne parle que du père.

BRIGITTE.

Que ne donnerais-je pas pour qu'il parvînt à se justifier!

DELAUNAY.

Cela me paraît difficile; je vais l'interroger devant vous... (Se tournant vers l'huissier.) Qu'on fasse venir M. de Saint-Firmin.

BRIGITTE.

Vous avez bien voulu permettre qu'il fût gardé à vue dans ma maison.

DELAUNAY.

C'est un reste d'égards accordé à son rang et au nom qu'il porte.

BRIGITTE.

Puisse-t-il détruire tous les soupçons!

DELAUNAY.

Le voici.

SCÈNE IV.

BRIGITTE, SAINT-FIRMIN, DELAUNAY, HUISSIER, GREFFIER.

DELAUNAY.
Approchez, monsieur de Saint-Firmin.
SAINT-FIRMIN.
Monsieur Delaunay ne pensait pas qu'un jour, je paraîtrais devant lui comme accusé.
DELAUNAY.
Non, sans doute, et j'ai long-temps hésité à partager les soupçons qui pèsent sur vous, monsieur; mais je dois remplir le devoir qui m'est imposé. Veuillez donc me répondre.
SAINT-FIRMIN.
Puisque ma vie entière, la réputation dont ma famille jouit à Toulouse depuis tant de siècles, n'ont pu me mettre au dessus de ces odieux soupçons ; puisque des circonstances que je ne peux comprendre me livrent à une accusation que je croyais impossible, je me défendrai, monsieur, avec ce sentiment qui n'abandonne jamais une conscience pure. Le bruit public vous a sans doute appris les chagrins domestiques dont j'ai été frappé hier?
DELAUNAY.
Nous savons que votre père est mort subitement.
SAINT-FIRMIN, regardant Brigitte.
Vous ne savez pas autre chose?
DELAUNAY.
Non, monsieur.
SAINT-FIRMIN.
Alors, je me tairai... Il est un secret que je ne divulguerai point.
DELAUNAY.
Expliquez-vous.
SAINT-FIRMIN.
Des malheurs imprévus, dont je ne dois compte à personne, m'ont forcé de quitter Toulouse dans la soirée. J'étais en proie au plus violent désespoir, je le suis encore!... Il fallait partir. Il était indispensable que mon fils m'accompagnât ; une voiture était attelée dans la cour de cette maison ; je m'en suis emparé dans l'intention de la renvoyer au prochain relais ; mais, je n'en ai point trouvé pour la remplacer, et j'ai continué ma route jusqu'à la seconde poste ; là, un accident arrivé à la voiture, m'a contraint de m'arrêter. Une heure après, la maréchaussée est survenue ; j'ai été accusé du vol des diamans, qu'en effet on a découverts dans les coffres, et l'on m'a ramené à Toulouse. Voilà, monsieur, toute la vérité.
DELAUNAY.
Quand vous êtes parti, saviez-vous que votre père était mort?
SAINT-FIRMIN.
Oui monsieur.
DELAUNAY.
Savez-vous ce qui a causé sa mort?
SAINT-FIRMIN.
Je crains de le savoir.
DELAUNAY.
Vous veniez de lui écrire?
SAINT-FIRMIN.
Non monsieur.
BRIGITTE.
M. de Saint-Firmin a écrit ici, chez moi.
SAINT-FIRMIN.
Il est vrai, mais ce n'était point à mon père.
BRIGITTE.
De qui venait donc la lettre qu'il a reçue?
SAINT-FIRMIN.
C'est vous qui le demandez, madame?
BRIGITTE.
Oui, monsieur, je le demande?... Qui a pu faire naître dans l'âme de ce respectable vieillard l'émotion violente dont les suites ont été si funestes, si ce n'est une lettre d'adieu qui lui révélait vos projets?
SAINT-FIRMIN.
Eh quoi, madame!... oseriez-vous déposer contre moi?
DELAUNAY.
Cette lettre a été brûlée par votre père.
SAINT-FIRMIN.
Oui, monsieur; mais je répète que je ne l'avais point écrite.
BRIGITTE.
Pourquoi donc s'est-il empressé de la détruire?
SAINT-FIRMIN.
Cela vous étonne, madame?
BRIGITTE.
Non, monsieur, mais cela vous accuse?
SAINT-FIRMIN.
Je demeure confondu, je l'avoue, de votre ardeur à me poursuivre!
BRIGITTE.
La justice ne doit-elle pas être éclairée?... N'est-ce pas chez moi qu'un vol a été commis?... Ma responsabilité, mon honneur!...
SAINT-FIRMIN.
Votre honneur!...
BRIGITTE.
Oui, monsieur!... C'est à moi que ces diamans avaient été confiés ; que répondrais-je aujourd'hui à ceux qui me les redemanderaient, si un accident imprévu n'avait retardé votre course vers la frontière?
DELAUNAY.
Madame, en effet, n'a-t-elle pas droit de se plaindre?

SAINT-FIRMIN, avec intention.

Si j'eus des torts envers elle, ils sont bien réparés.

BRIGITTE.

Vous croyez, monsieur de Saint-Firmin?... vous vous trompez. Lorsqu'après avoir perdu votre fortune, vous saisissez une occasion de la rétablir.

DELAUNAY.

Que dites-vous, madame?

BRIGITTE.

La vérité! Ignorez-vous donc que M. de Saint-Firmin est ruiné par une banqueroute?

DELAUNAY.

Monsieur de Saint-Firmin, cela est-il vrai?

SAINT-FIRMIN.

Oui, monsieur.

DELAUNAY.

Voilà une circonstance funeste pour vous.

BRIGITTE.

Il en a reçu la nouvelle hier chez moi, et l'on conçoit que deux millions de diamans...

SAINT-FIRMIN.

Madame!...

DELAUNAY.

Qu'avez-vous à répondre, monsieur, à toutes ces présomptions que chaque instant accumule contre vous?

SAINT-FIRMIN.

Rien de plus que ce que j'ai déjà dit.

DELAUNAY.

Votre fortune perdue, la mort soudaine de votre père, au moment où vous fuyez cette maison, le flagrant délit, votre brusque départ quand votre fils vient de se marier... Vous n'opposez rien à tout cela?

SAINT-FIRMIN.

Rien!... que vos propres convictions et celles de madame.

DELAUNAY, à l'huissier.

Qu'on fasse venir Jacques le postillon. (L'huissier sort.) Il est difficile, monsieur, que mes convictions ne soient pas d'accord avec les faits qui vous accusent.

BRIGITTE, bas à Saint-Firmin.

Comprends-tu maintenant ce que j'ai souffert il y a vingt ans?

SCÈNE V.

LES MÊMES, JACQUES, L'HUISSIER.

DELAUNAY.

Mon devoir est de vous interroger, Jacques, et vous n'ignorez pas que le vôtre est de dire la vérité.

JACQUES.

Je la dirai, monsieur le juge.

DELAUNAY.

C'est vous qui avez hier conduit M. de Saint-Firmin?

JACQUES.

Oui, monsieur, c'est moi.

DELAUNAY.

Quand vous êtes parti, saviez-vous que votre voiture contenait des diamans?

JACQUES.

Bonnement, l'aurais-je su? On m'avait demandé des chevaux pour huit heures, et j'étais en selle à l'heure dite; voilà tout.

DELAUNAY.

Qui avait commandé les chevaux?

JACQUES.

Un M. Wilfrid qui est ici depuis hier en qualité d'intendant, que je n'avais jamais vu avant ce jour-là, et qui, par parenthèse, ne me plaît guères...

DELAUNAY.

Vous a-t-il dit à qui cette voiture était destinée?

JACQUES.

Je croyais, moi, que c'était lui qui monterait dedans; mais M. de Saint-Firmin m'a dit qu'elle avait été commandée pour lui, et je n'en ai pas demandé davantage.

DELAUNAY.

Ah!... M. de Saint-Firmin vous a dit cela?

JACQUES.

Oui, sûrement! N'est-ce pas monsieur de Saint-Firmin que vous me l'avez dit?

SAINT-FIRMIN.

Cela est vrai. Pressé de partir et craignant de ne pas trouver de chevaux, j'avoue que j'ai trompé ce brave homme.

BRIGITTE, à part.

Heureux incident!

JACQUES.

Je n'en suis pas moins certain que M. de Saint-Firmin n'est pas le voleur; et je soupçonne bien plutôt...

DELAUNAY.

Qui soupçonnez-vous?

JACQUES.

Pardine! cet homme qui nous tombe des nues, et que personne ne connaît ici.

BRIGITTE.

Je le connais, moi, depuis long-temps; Wilfrid mérite toute ma confiance, et je réponds de lui!... Du reste, on devra l'interroger.

DELAUNAY.

C'est ce que je ferai bientôt, madame... Jacques, vous n'avez rien à ajouter?

JACQUES.

Rien, monsieur le juge.

DELAUNAY.

Allez donc, et soyez prêt à reparaître si la justice vous rappelle.

JACQUES.

Je serai là, monsieur. (A lui-même.) J'en suis toujours pour ce que j'en ai dit, et en attendant j'aurai les yeux sur Wilfrid.

(Jacques sort.)

SCÈNE VI.

LES MÊMES hors JACQUES.

DELAUNAY.

Je vais, monsieur, continuer mon enquête. Demeurez ici, et croyez qu'il ne faudrait rien moins que l'évidence pour me contraindre à vous retirer mon estime.

SAINT-FIRMIN.

Celle des honnêtes gens m'est précieuse, et j'espère que je ne la perdrai pas.

(Delaunay sort.)

SCÈNE VII.

BRIGITTE, SAINT-FIRMIN.

SAINT-FIRMIN.

Eh bien! madame, ai-je souffert assez patiemment, et vos infâmes accusations, et votre hypocrite compassion, plus injurieuse encore?

BRIGITTE.

N'est-ce pas, Saint-Firmin, qu'il est cruel d'être soupçonné d'une bassesse? N'est-ce pas qu'une flétrissure publique est un horrible supplice?

SAINT-FIRMIN.

Misérable!

BRIGITTE.

Comprends-tu bien ma joie? Maintenant je peux aller par la ville dire à tous ceux qui t'entouraient de leurs respects : M. de Saint-Firmin est un voleur!... et personne ne pourra me démentir.

SAINT-FIRMIN.

Brigitte pense-t-elle donc que vingt années d'honneur et de probité ne parleront pas plus haut qu'elle? Croit-elle aussi que je garderai toujours le silence?

BRIGITTE.

Et que diras-tu, malheureux? Tu nommeras Brigitte; tu leur montreras ta victime?... Eh bien! après. Parce que dans la baronne de Feldberg (car j'ai le droit de porter ce nom), on retrouvera cette infortunée que ta lâcheté livra jadis au plus honteux supplice, en auras-tu moins volé des diamans chez elle?... Ah! le ciel m'a exaucée! je ne m'attendais pas à tant de bonheur!

SAINT-FIRMIN.

Mais ce crime odieux, peux-tu donc y croire?

BRIGITTE.

Pas plus qu'il n'y a vingt ans, tu ne pouvais croire au mien.

SAINT-FIRMIN.

Brigitte sait mon innocence!...

BRIGITTE.

Comme Saint-Firmin connaissait la mienne.

SAINT-FIRMIN.

Et elle ose m'accuser!

BRIGITTE.

Et il me laissa flétrir!

SAINT-FIRMIN.

Alors je ne pouvais l'empêcher.

BRIGITTE.

Il fallait le tenter, du moins, et tu ne l'as pas fait!... Elle protestait de son innocence... qui lui répondit? le bourreau! Elle t'appelait à son aide; qui trouva-t-elle à ses côtés?... le bourreau! Maintenant, Saint-Firmin, jure aussi que tu n'es pas coupable! invoque la pitié de Brigitte!... et que le bourreau te réponde.

SAINT-FIRMIN.

Ah! cette atroce vengeance ne s'accomplira pas!

BRIGITTE.

Oui, le nom que tu portes, le rang que tu occupes, t'arracheront peut-être à l'échafaud; on te laissera la vie! Que m'importe! je n'ai pas besoin de ta mort? C'est ton déshonneur qu'il me fallait, et me voilà satisfaite!

SAINT-FIRMIN.

Pas encore Brigitte! La vérité se fera jour enfin, et cet affreux mystère que je ne puis comprendre...

BRIGITTE.

Que tu m'as bien servie, Saint-Firmin! et que je te sais gré de ton empressement à me fuir!... Accusé d'un vol!... toi! Ah! je n'espérais pas tant.

SAINT-FIRMIN.

Ne te lasseras-tu pas de mes souffrances?

BRIGITTE.

Les miennes, il y a vingt ans, n'ont pas lassé ton père.

SAINT-FIRMIN.

Mon père!... Malheureuse! tu oses prononcer son nom! N'est-ce pas toi qui l'as tué?

BRIGITTE.

Et le mien? tu n'en parles pas!... Qui lui ravit l'espoir de sa vieillesse? qui flétrit ses cheveux blancs? qui le força d'abandonner son pays, d'errer et de périr misérable en maudissant le jour où naquit sa fille? En arrivant dans cette ville, je le cherchais et je ne l'ai pas trouvé!... Mais à chaque pas, il me semblait voir se lever son ombre qui me criait vengeance.

SAINT-FIRMIN.

Oh ! qui viendra m'arracher à l'horreur de te voir !

BRIGITTE.

Tu es captif dans cette maison ; tu ne peux faire un pas sans me trouver devant toi !...

SAINT-FIRMIN, assis et accablé par la douleur.

Oh ! mon Dieu ! mon Dieu !

SCÈNE VIII.

BRIGITTE, GEORGES, SAINT-FIRMIN.

GEORGES.

Mon père !.. d'où vient cet accablement ? Toute espérance n'est pas perdue. Il est impossible qu'on nous soupçonne plus long-temps d'une action infâme. La vérité se découvrira.

SAINT-FIRMIN.

Mais mon nom, ce nom sans tache, le soupçon ne l'a-t-il pas flétri ?... Et qui me rendra mon père ?.. A toi, mon fils, qui te rendra le bonheur ?

GEORGES.

Le bonheur ! il peut encore exister pour nous. N'est-ce pas, madame, que vous ne nous abandonnerez pas, car vous ne nous croyez pas coupables.

BRIGITTE.

Il me semble, monsieur, que les faits parlent assez haut.

GEORGES.

Eh quoi ! vous aussi !... Oh ! non, cela est impossible !... Celui que vous avez choisi pour votre fille ne peut avoir commis un pareil crime. Dites-moi, oh ! dites-moi, que vous ne le croyez pas.

SAINT-FIRMIN, relevant son fils avec violence.

Debout, Georges ; debout mon fils ! cessez d'implorer cette femme !

GEORGES.

Cette femme est la mère de Béatrix ! Elle nous aimait, mon père.

SAINT-FIRMIN.

Cette femme est notre plus cruelle ennemie.

GEORGES.

Que dites-vous ?

SAINT-FIRMIN.

Regarde son sourire.

GEORGES.

Vous m'effrayez !...

SCÈNE IX.

GEORGES, BEATRIX, SAINT-FIRMIN, BRIGITTE.

BÉATRIX, en entrant.

Non, non, c'est en vain qu'on les accuse.

BRIGITTE.

Que venez-vous faire ici, Béatrix.

BÉATRIX.

Ma mère ! le croiriez-vous ? ce monsieur Delaunay, il dit qu'ils sont coupables ; que chaque interrogatoire donne une preuve de leur crime, et que bientôt la prison...

GEORGES.

La prison...

BÉATRIX.

Il ne dit pas vrai ? n'est-ce pas, ma mère.

BRIGITTE.

Plût au ciel qu'il me fût permis d'en douter !

SAINT-FIRMIN.

L'infâme !

BÉATRIX.

Vous les soupçonneriez, vous ? Ah ! ma mère !

GEORGES.

Je le savais bien, moi, que le cœur de Béatrix nous défendrait.

BRIGITTE.

Qu'en ce moment la passion vous aveugle, je le comprends, ma fille ; mais il faudra bien que vos yeux s'ouvrent enfin à l'évidence.

BÉATRIX.

Moi, les croire coupables !.. Oh ! jamais... Qu'on amasse contre eux les preuves les plus accablantes ; que toutes les apparences les accusent ; que le monde entier les condamne... une voix s'élèvera qui s'écriera sans cesse : Ils sont innocens ! Et cette voix, c'est la mienne !

BRIGITTE.

Béatrix !...

BÉATRIX.

Ce n'est point M. de Saint-Firmin que je tenterai de justifier, car il suffit de laisser parler sa vie !... mais Georges, mais mon bien-aimé, l'époux que mon cœur avait choisi avant que votre bonté me fît un devoir de mon amour !... oh ! je serai là pour le défendre.

BRIGITTE, à demi-voix.

Elle sera là pour le défendre ! L'entends-tu, Saint-Firmin !

BÉATRIX.

Si son honneur outragé dédaignait de répondre au tribunal, qui l'ose traiter en coupable, j'y courrais, moi, et je dirais à ses juges : Celui que vous accusez n'a trouvé dans sa famille que des exemples et des leçons de vertu ; jamais plus noble sang n'a fait battre un cœur plus généreux ;

il venait, à la face du ciel, de me donner sa vie; et c'est en quittant l'autel, qu'il aurait souillé ce nom sans tache dont il a paré celle qu'il aime! Vous ne le croyez pas!... Dans un cœur rempli d'amour, il n'y a point de place pour une bassesse !... Voilà ce que je dirais, ma mère, et ils m'écouteraient.

BRIGITTE, à demi-voix.
Saint-Firmin, as-tu parlé ainsi il y a vingt ans?
SAINT-FIRMIN, à part.
Horrible souvenir!
GEORGES.
Oh! Béatrix, que de joie vous mêlez à mes souffrances.
BRIGITTE, passant entre Saint-Firmin et Béatrix.
Ainsi, ma fille, Georges, malgré son crime...
BÉATRIX.
Son crime? je n'y crois pas!... Son malheur, je le vois, et je le viens partager, si je ne peux l'y soustraire.
BRIGITTE.
Tu ne reculeras pas à l'aspect du déshonneur!...
BÉATRIX.
Le déshonneur!... Il serait pour moi, si je l'abandonnais.
BRIGITTE, à Saint-Firmin.
Tu l'entends!...
BÉATRIX.
N'ai-je pas juré d'être à lui? Chaque battement de mon cœur ne lui appartient-il pas? Ah! que la prison s'ouvre, et je l'y suivrai!... Que le bourreau vienne, et avant d'arriver à celui que j'aime, c'est moi qu'il rencontrera.
BRIGITTE.
Et si ta mère condamnait cet amour? Si elle voulait rompre des nœuds qui la déshonorent!
BÉATRIX.
Pour la première fois de ma vie, je lui désobéirais, car elle n'a pas le droit de m'ordonner un parjure.
BRIGITTE, avec explosion.
Eh bien! Saint-Firmin, n'y a-t-il pas un remords pour toi dans chacune de ces paroles?
SAINT-FIRMIN, s'asseyant.
Assez!... de grâce!... assez!
GEORGES, à Brigitte.
Qu'osez-vous dire?
BRIGITTE.
Tu le sauras!... Béatrix, le crime est prouvé.
SAINT-FIRMIN.
Malheureuse!...
BRIGITTE.
Le crime est prouvé, vous dis-je!... L'homme que vous nommez votre époux, est désormais indigne de ce titre!... sa honte vous sépare!
BÉATRIX.
Non, ma mère, il n'est pas coupable!... et, le fût-il, que je le suivrais encore, car le crime est

BRIGITE.
aussi un malheur, et il aurait besoin de mon secours.
BRIGITTE.
Ma fille!...
BÉATRIX.
Oh! ma mère, ne me contraignez pas à la désobéissance!... Quoi! celui à qui j'ai juré un amour éternel serait en butte à la haine, au mépris public; je le saurais innocent et je l'abandonnerais?... Cela est impossible!
BRIGITTE.
Interrogez monsieur... il vous dira que cela est possible!
BÉATRIX.
La main du bourreau le flétrirait, et je n'irais pas le disputer à l'opprobre!...
BRIGITTE.
Interrogez monsieur.
BÉATRIX.
Au moment du supplice, ses regards chercheraient celle qu'il aime, et il ne la trouverait pas!...
BRIGITTE.
Interrogez M. de Saint-Firmin.
SAINT-FIRMIN.
Effroyable torture!
GEORGES.
Expliquez-vous donc, madame... Je ne sais que penser...
BRIGITTE.
Regarde ton père!... ne le vois-tu pas rougir?... Son silence n'en dit-il pas assez?... Ce que cet enfant ne veut point faire, il l'a fait lui!... et sa victime était une femme! elle avait seize ans.
GEORGES.
Quelle horreur!
SAINT-FIRMIN.
Mon fils!...
BRIGITTE.
Oseras-tu me démentir?
SAINT-FIRMIN.
Ah! c'en est trop! celle dont vous me reprochez sans cesse le châtiment, n'a-t-elle pas pris soin de justifier ses juges?
BRIGITTE.
Si elle fut coupable, que ses fautes retombent sur toi, car tu as creusé l'abîme, et ton père l'y a poussée!
GEORGES.
Quel affreux mystère!...
BRIGITTE.
Qu'importent au reste son injuste supplice et ses souffrances de vingt années? Il s'agit aujourd'hui des tiennes, Saint-Firmin; voici ton juge.
SAINT-FIRMIN.
Ah! sa présence me rend à moi-même.

4

SCÈNE X.

LES MÊMES, DELAUNAY, LE GREFFIER, UN HUISSIER.

SAINT-FIRMIN.

Eh bien! monsieur, votre devoir est-il rempli? avez-vous recueilli sur cette odieuse affaire tous les renseignemens désirables? Serai-je condamné long-temps encore à la honte de me défendre.

DELAUNAY.

Je crains, monsieur, que votre justification ne soit difficile.

SAINT-FIRMIN.

Vous l'espérez, peut-être?

DELAUNAY.

Je vous pardonne cette offensante supposition: on descend avec peine d'un rang conquis par tant de soins et d'efforts; et je vous plains.

SAINT-FIRMIN.

Je vous dispense de votre pitié.

DELAUNAY.

Je ne vous dois que justice, et elle sera faite.

SAINT-FIRMIN.

Je l'attends.

DELAUNAY.

Madame, une femme placée à votre service, et qu'on nomme Rose, a demandé à être entendue devant vous.

BRIGITTE.

Rose!... que veut-elle?

DELAUNAY.

Elle a, si je l'en crois, des éclaircissemens à donner à la justice, et j'ai prescrit qu'on l'amenât.

BRIGITTE, à part.

Wilfrid aurait-il parlé.

BÉATRIX.

Espérons.

BRIGITTE, à part.

Je tremble.

DELAUNAY.

La voici.

SCÈNE XI.

LES MÊMES, ROSE.

DELAUNAY.

Répondez, Rose; qu'avez-vous à déclarer sur l'affaire qui nous occupe?

ROSE.

Que MM. de Saint-Firmin sont innocens.

DELAUNAY.

Innocens!...

BRIGITTE.

Eux!

ROSE.

Ils ignoraient le crime qu'on voulait commettre.

BRIGITTE.

Qu'en savez-vous?

ROSE.

Je connais le coupable.

DELAUNAY.

Votre devoir est de le nommer.

BÉATRIX.

Oh! n'hésite pas, Rose!... tu nous rends la vie.

BRIGITTE, à sa fille.

Malheureuse!...

DELAUNAY.

Parlez!...

ROSE.

Oui, je le peux maintenant, car le coupable est hors de votre pouvoir.

DELAUNAY.

Comment?

ROSE.

Mes prières, mes menaces l'ont enfin décidé à la fuite; depuis deux heures, il est parti.

BRIGITTE, à part.

Je respire.

DELAUNAY.

Son nom?

ROSE.

Wilfrid.

BRIGITTE.

Qui vous l'a dit?

ROSE.

Je l'ai vu placer les diamans dans la voiture.

DELAUNAY.

Et pourquoi tant tarder à l'accuser?

ROSE.

Je voulais le dérober à la vengeance des lois.

DELAUNAY.

Quel intérêt vous faisait agir?

ROSE.

Wilfrid est mon époux.

TOUS.

Son époux!

ROSE, passant près de Brigitte.

Ah! madame, pardonnez-moi!... Vos tourmens, vos inquiétudes, c'est ma faiblesse qui les a causés!... J'ai cru un instant au repentir de l'homme qui fit mon malheur; j'ai imploré pour lui votre généreuse bienveillance, et c'est par un crime qu'il a payé vos bienfaits.

BRIGITTE.

Quel étrange mystère!... Wilfrid est votre époux!...

ROSE.

Il m'enleva jadis à ma famille; à Berlin, séduit

par une femme exécrable qu'on nommait Brigitte...

DELAUNAY.

Brigitte!

ROSE.

Oui, monsieur; une femme que la justice avait déjà flétrie en France.

BRIGITTE, à part.

Quel supplice!

ROSE.

Il parcourut avec elle une carrière de honte et de crimes; hier Wilfrid a reparu dans ces lieux; j'ai espéré que le repentir le rendrait à la vertu; j'ai appelé sur lui les bontés de madame!... Vous savez comment il s'est acquitté.

BÉATRIX.

Oh! que je suis heureuse!...

BRIGITTE, à part.

Que je souffre!

GEORGES.

Nous sommes sauvés, mon père.

SAINT-FIRMIN, à lui-même.

Marié à la fille de Brigitte!

ROSE.

Jugez de mon désespoir quand j'ai vu M. de Saint-Firmin accusé d'un crime dont je connaissais l'auteur!... J'ai juré que je l'arracherais aux soupçons; mais pouvais-je livrer à l'échafaud l'homme qui fut mon époux?... Mes larmes l'ont vaincu; il a fui... Si je suis coupable, punissez-moi.

BRIGITTE, à part.

Odieuse créature!

GEORGES, à Delaunay.

Votre mission est accomplie, monsieur, et les déclarations de cette femme...

DELAUNAY.

Vous justifient, je dois en convenir : mon devoir maintenant est de m'assurer d'elle et de faire arrêter l'homme qu'elle accuse.

ROSE

Il est déjà loin; vous ne l'atteindrez pas.

DELAUNAY.

C'est ce que nous verrons; que l'on coure sur toutes les routes.

SAINT-FIRMIN.

Préparez-vous, mon fils, à quitter Toulouse aujourd'hui même.

GEORGES.

Que dites-vous, mon père?

SAINT-FIRMIN.

Madame de Feldberg, soyez heureuse! Je me tairai! je crois être quitte envers vous.

(Bruit.)

DELAUNAY.

Quel est ce bruit?

[JACQUES, en dehors.

Oh! j'ai le poignet solide!... tu ne m'échapperas pas.

ROSE, à part.

Grand Dieu! la voix de Jacques.

SCÈNE XII.

Les mêmes, JACQUES, WILFRID, Soldats de la Maréchaussée.

JACQUES, tenant Wilfrid.

C'est un fugitif que je ramène.

BRIGITTE.

Wilfrid!

ROSE.

Malheureuse! et je l'ai dénoncé!

(Elle tombe atterrée, sur un siége.)

WILFRID.

Que me veut-on? Qu'ai-je à faire ici?

DELAUNAY.

Vous allez le savoir.

BRIGITTE.

Tout est perdu.

JACQUES.

Voilà ce que c'est, monsieur le juge : j'avais des soupçons sur ce particulier-là, qui sort je ne sais d'où et qui a poussé ici comme un champignon. Je ne pouvais pas croire ce brave M. de Saint-Firmin coupable, et je m'étais bien promis d'examiner de près les démarches du nouveau débarqué : je l'ai vu entrer dans l'écurie, seller mon meilleur cheval; alors j'ai été me mettre en embuscade, et au moment où il s'apprêtait à galoper sur la grande route, je l'ai prié poliment de descendre, et je le ramène. Qu'il nous dise à présent pourquoi il se sauvait si vite.

GEORGES.

Il voulait échapper à la justice; car tout est découvert maintenant : Wilfrid est le vrai coupable.

WILFRID.

Moi, monsieur?

DELAUNAY.

La feinte est inutile; on sait qui vous êtes, Wilfrid; votre existence en Allemagne est connue.

WILFRID.

Ah! j'ai encore une fois été trahi!

BRIGITTE.

Wilfrid!

WILFRID.

J'ai été trahi!... mais pardieu, cette fois, ce ne sera pas comme à Munich! Brigitte!... tu me suivras!

TOUT LE MONDE.

Brigitte!

BRIGITTE.

Le misérable!

WILFRID.

Oui, Brigitte, cette femme dont on a dû garder le souvenir à Toulouse, depuis trois ans elle est ici!... depuis trois ans, elle cache ses vices sous le masque des vertus, et la voilà ! c'est la baronne de Feldberg.

BÉATRIX.

Ma mère !

GEORGES.

Grand Dieu !

ROSE.

Qu'ai-je entendu ?

WILFRID.

Le vol des diamans a été médité par elle; je n'ai fait qu'exécuter ses ordres. Nous devions partir ensemble... Eh bien ! nous ne nous quitterons plus.

BÉATRIX.

Ma mère... vous ne répondez pas !

DELAUNAY.

Parlez donc, madame.

BRIGITTE, passant près de Saint-Firmin.

Tu triomphes, n'est-il pas vrai, Saint-Firmin ?

SAINT-FIRMIN.

Qu'osez-vous dire, malheureuse ?

BRIGITTE.

On a soulevé le voile, eh bien ! moi, je le déchire !... Oui, je suis cette Brigitte qui, injustement flétrie il y a vingt ans, fut poussée au crime par le lâche que voici.

BÉATRIX.

Ah ! je me meurs !

BRIGITTE.

Adieu, maintenant, Saint-Firmin! ma fille est l'épouse de ton fils... Je te laisse avec tes enfans !

DELAUNAY.

Qu'on arrête cette femme ! qu'on l'empêche de sortir !

BRIGITTE, aux gardes.

Arrière, misérables !... Votre bourreau ne portera pas deux fois la main sur moi.

(Elle se précipite par la fenêtre.)

TOUS.

Ah !

BÉATRIX.

Ma mère !   (Elle tombe.)

SAINT-FIRMIN, la regardant.

Pauvre enfant !... elle, du moins, est innocente.

FIN DE BRIGITTE.

Imprimerie de Boulé et Cⁱᵉ, rue Coq-Héron, nº 3.

OUVRAGES D'ELZÉAR BLAZE,
Qui se trouvent chez le même éditeur.

LE CHASSEUR AU CHIEN D'ARRÊT.

Contenant les habitudes, les ruses du gibier, l'art de le chercher et de le tirer, le choix des armes, l'éducation des chiens, leurs maladies, etc. Troisième édition. 1 vol. in-8°. — Prix : 7 fr. 50 c.

LE CHASSEUR AU CHIEN COURANT,

Contenant les habitudes, les ruses des bêtes ; l'art de les quêter, de les juger et de les détourner ; de les attaquer, de les tirer ou de les prendre à force ; l'éducation du limier, des chiens courans, leurs maladies, etc. 2 vol. in-8°. — Prix : 15 fr.

LE CHASSEUR AUX FILETS, *ou la Chasse des Dames.*

Contenant les habitudes, les ruses des petits oiseaux, leurs noms vulgaires et scientifiques, l'art de les prendre, de les nourrir et de les faire chanter en toute saison, la manière de les engraisser, de les tuer et de les manger. 1 vol. in-8°, avec planches gravées. — Prix : 7 fr. 50 c.

L'ALMANACH DES CHASSEURS.

1 vol. in-18. — Prix : 1 fr.

LE CHASSEUR CONTEUR, *ou les Chroniques de la Chasse.*

Contenant des histoires, des contes, des anecdotes, et par-ci, par-là, quelques hâbleries sur la chasse, depuis Charlemagne jusqu'à nos jours. 1 vol. in-8°. — Prix : 7 fr. 50 c.

LA VIE MILITAIRE SOUS L'EMPIRE,
Ou mœurs de la garnison, du bivouac et de la caserne. Avec cette épigraphe :

> Les mères, les maris me prendront aux cheveux
> Pour dix ou douze contes bleus ;
> Voyez un peu la belle affaire !
> — La Fontaine.

2 vol. in-8°. — : 15 fr.

LE LIVRE DU ROY MODUS ET DE LA ROYNE RACIO
Nouvelle édition, en caractère gothique,

Conforme aux manuscrits de la Bibliothèque royale, ornée de cinquante gravures faites d'après les vignettes de ces manuscrits, fidèlement reproduites, avec une préface par Elzéar Blaze. 1 vol. de 300 page grand in-8°, format jésus, papier de Hollande. — Prix : 50 fr.

Le Roi Modus est le plus ancien livre écrit en français sur la chasse. Depuis long-temps les anciennes éditions étaient épuisées ; celle-ci est la plus complète. Cet ouvrage, dont l'auteur est inconnu, fut composé vers le commencement du XIVe siècle. Outre les principes de la vénerie et de toutes les chasses, il contient des observations fort curieuses sur l'histoire naturelle des animaux.

Sous presse pour paraître en janvier prochain 1843.

L'HISTOIRE DU CHIEN CHEZ TOUS LES PEUPLES DU MONDE,

D'après la Bible, Homère, Xénophon, Hérodote, Plutarque, Pline, Horace, Virgile, Ovide, Jean Caïus, Paullini, etc., etc. 1 vol. in-8°, 7 frt 50.

www.ingramcontent.com/pod-product-compliance
Lightning Source LLC
Chambersburg PA
CBHW060554050426
42451CB00011B/1898